ROGÉRIO SGANZERLA

POR UM CINEMA SEM LIMITE

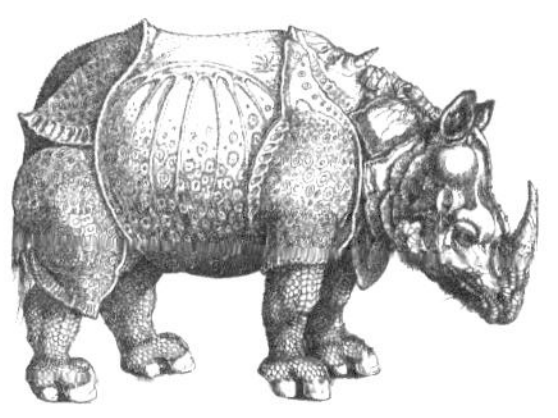

CADERNOS ULTRAMARES

ORGANIZAÇÃO E PROJETO GRÁFICO

Marcos Lacerda, Ana Paula Simonaci e Sergio Cohn

CONSELHO EDITORIAL

André Botelho

Bernardo Esteves

Boaventura de Souza Santos

Evelyn Goyannes Dill Orrico

Fréderic Vanderberghe

José Luis Garcia

Maria João Cantinho

Renato Rezende

Teresa Arijón

Vagner Amaro

ISBN 9786586962802

azougue press |
coordenação geral Sergio Cohn
coordenação editorial
Sergio Cohn — Darien Lamen — Cristián Jiménez Plaza
Brasil | CNPJ 12.272.339/0001-26
Portugal | Oca Editorial NF 515805394
USA | E. Id. 803650511
Chile | Tucán Ediciones RUT 77.369.106-1

A proposta dos Cadernos Ultramares é transpor fronteiras. Não apenas geográficas, com a edição de um amplo panorama do pensamento brasileiro para o público português, mas também entre as áreas do saber, criando uma coleção transdisciplinar, acessível não apenas para leitores especializado, pesquisadores e acadêmicos, como para interessados em geral.

Para isto, os Cadernos Ultramares privilegiam a leveza do ensaio, a "brigada ligeira", utilizando-se de um gênero marcado pela abertura e experimentação, uma forma privilegiada para a proposição e a apresentação de interpretações da cultura e da sociedade. Nos últimos anos, o gênero ensaio tem sido revalorizado como um importante meio de diálogo entre a pesquisa acadêmica e a sociedade.

O Brasil possui uma produção riquíssima de pensamento em diversas áreas, que vão da física à antropologia, da matemática às artes. Os Cadernos Ultramares, ao trazerem importantes textos de alguns dos nossos mais renomados pensadores, sejam clássicos ou contemporâneos, busca possibilitar ao leitor um olhar amplo e qualificado sobre essa produção.

Interessa-nos a constituição de um diálogo entre áreas, de uma conversa aberta que escape das armadilhas do pensamento especializado e do produtivismo acadêmico. Interessa, antes de tudo, a valorização do encontro do leitor com o sabor do texto, do prazer da leitura e da troca livre de pensamento.

apresentação
POR sergio COHN

Por uma série de circunstâncias, me vejo sentado em frente à mesma janela da sala que, quase 20 anos atrás, trabalhei com Rogério Sganzerla [1946-2004] na primeira edição do livro *Por um cinema sem limites.* O apartamento perto da lagoa, no qual não moro há mais de 15 anos e hoje é dos meus pais, abarcou naquela época tardes e mais tardes de calorosas conversas com o cineasta, pensando meticulosamente cada frase do livro. Sganzerla era um perfeccionista, se preocupava com cada termo, questionava cada escolha.

No fim, percebíamos espantados a incrível qualidade dos textos originais, escritos quando o autor estava ainda com 18 anos de idade, para o *Suplemento Literário do Estado de S. Paulo* em 1964. O próprio Sganzerla se impressionava de, ao retomar o texto, ver como ainda muito jovem apresentava, para além de uma espantosa erudição e capacidade analítica, uma escrita de rara elegância e precisão.

Mais do que isso, era fascinante ver que estavam ali os temas que acompanhariam a sua obra futura como cineasta. Sganzerla era um autor obsessivo, sempre retornando a temas, formas e referências. Não havia ainda Noel Rosa e Jimi Hendrix, mas já se encontra Godard, Orson Welles, a câmera cínica, o "olho livre" de Oswald de Andrade, a junção de ficção e documentário, os tempos mortos. A crítica de Sganzerla se aproximava do fazer cinematográfico, como ele mesmo declarou na época: "Nunca pensei em ser crítico. Sempre quis mesmo foi dirigir. Mas gosto do que faço porque enquanto pude, fiz cinema com a máquina de escrever. Não diferencio o escrever sobre cinema do escrever cinema".

Quem convidou Rogério a escrever no *Estadão* foi o crítico teatral Décio de Almeida Prado. No *Suplemento Literário*, criado alguns anos antes por Antonio Candido e certamente o mais prestigioso veículo de cultura da época, dividiu uma coluna semanal sobre cinema com Francisco de Almeida Salles, a quem se refere como "papa da crítica". Lá, escreveu uma série de artigos formativos, discutindo as diferenças entre cinema clássico e moderno. Já na época, pensava em reuni-los em livro, sob o título "Noções de Cinema Moderno".

Mas não chegou a concluir o projeto: deixou anotações, que seriam posteriormente retomadas em artigos na época que escreveu para a *Folha de S. Paulo*, entre 1980 e 1981. Se, em alguns deles, seguia o estilo preciso dos textos da década de 1960, em outros, como "Atração da montagem", já trazia a linguagem mais livre e anárquica que marcaria a sua produção textual tardia. De qualquer forma, sempre mantendo o brilhantismo crítico e propositivo.

Vale a pena, para a plena compreensão do leitor, enumerar os textos publicados no *Suplemento Literário*, entre 1964 e 1965 ("Noções de cinema moderno", "A câmera cínica", "Becos sem saída", "Câmera clínica", "Um filme é um filme", "Cineastas da alma", "Cineastas do corpo", "Corpo mais alma") e os da *Folha de S. Paulo*, entre 1980 e 1981 ("Passagem ao relativo", "O cinema e sua dúvida", "Função da câmera", "Papel do ator", "Divisibilidade", "Persistência da retina", "A lição do mundo", "Viver a vida" e "Atração da montagem").

Quem primeiro me propôs a publicação do livro de Sganzerla foi o cineasta Paulo Sacramento. Era 2001 e eu ainda estava abrindo a Azougue Editorial quando ele me procurou para falar que Sganzerla possuía com um original em mãos que valeria ser editado e perguntou se poderia fazer a ponte. Eu já era absolutamente fascinado pelos filmes de Sganzerla, já havia assistido quase todos, nas raras oportunidades em que eram exibidos naquele "deserto do real" do Brasil dos anos 1990. Filmes maiores da cinematografia brasileira, como "Bandido da luz vermelha", "Mulher de todos",

"Sem essa, Aranha", "Copacabana mon amour", "Abismu" e "Tudo é Brasil". Assim, o meu entusiasmo pelo projeto foi imediato. E a amizade com o cineasta também — costumávamos sair para uma cerveja após as horas quase diárias de trabalho no livro. Foi um período de imenso aprendizado e também de muito prazer, com as longas conversas em torno de cinema, música e contracultura.

Paulo Sacramento escreveu a orelha do a edição original do livro, num texto que fazia jus ao espírito aguerrido do autor:

Rogério Sganzerla já fazia cinema antes mesmo de aproximar-se de uma câmera, o que pode ser constatado nas páginas que se seguem. Metade destes textos datam do início da década de 1960 e portanto, de antes do curta "Documentário" e da deslumbrante estreia nos longas com "O Bandido da Luz Vermelha", quando seu excepcional talento para a direção revelaria-se de maneira inequívoca. O leitor irá notar que este é um livro afirmativo: as coisas são as coisas são as coisas. Revelação (e não argumentação), como o cinema aqui defendido. Visionário do impuro, Rogério compreendeu que em cinema o sublime está no incerto que só se vislumbra no movimento da procura. Sua teoria e sua prática são indissociáveis da poesia.

Rogério Sganzerla sempre foi obsessivo. E criterioso. E apaixonado (vide Noel/Welles). Se o cinema é um campo de batalhas (Godard), Rogério serve-se de suas armas para defender e guerrear ao lado do cinema moderno e livre. Ao longo destas páginas apresentam-se e repetem-se definições e interpretações de tal coerência que impelem-nos a também tomar uma postura dinâmica diante da construção cinematográfica. Atacar-defender Welles, Resnais, Antonioni, Bresson, por exemplo, leva-nos a um dinamismo crítico/teórico impensável dentro da academia. Mas absolutamente encantador, pois parcial, reconsiderável, falível.

Desanima constatar que o embate deslocou-se e hoje as questões centrais já não estão mais na dicotomia estática do cinema clássico (tradicional) e moderno ou do cinema do corpo e da alma. Hoje, pode-se discutir apenas a empobrecedora oposição entre cinema comercial e autoral. E os argumentos já não são ideias, são números.

Saltarão aos olhos do leitor sintonizado o abismo entre aquele ambiente de pesquisa/descoberta e a prática atual do cinema (principalmente o americano, mas também esse cinema brasileiro que vendeu corpo e alma para o Mercado em troca de incentivos fiscais). Repensar estas questões é dizer um não retumbante à falácia que nos outorgaram como Renascimento do Cinema Brasileiro. Eis nestas páginas outra Fênix a desafinar o coro dos contentes.

Generoso, Sganzerla nos propõe suas certezas e deduções como asas, não como grades. No horizonte dessa relatividade a leitura impele a (re)ver os filmes citados, e tomar o mesmo caminho de Rogério: filmar.

Por um cinema sem limite não é apenas uma aula sobre cinema moderno, é também um documento fundamental para a compreensão da obra de um dos nossos maiores cineastas. Um autor que sempre entendeu o cinema como deve ser: um instrumento de liberdade.

POR UM CINEMA SEM LIMITE

APRESENTAÇÃO:
APRENDIZADO DA LIBERDADE

O cinema — "arte das evidências enganosas" — nasceu com a criação do homem, quando este cedeu uma costela à mulher, evoluiu com o mito platônico da projeção na caverna, ao ampliar a imagem e semelhança divina na consciência ancestral que desembocou no teatro de sombras chinesas onde alcançou o seu esplendor criativo, influenciando-nos irremediavelmente.

Espalhou-se da Ásia para Europa graças ao empenho de mágicos e ambulantes andarilhos percorrendo feiras circos e quermesses. Não era, ainda, o cinema, com a carga de mesmice e redundância mal-feita hoje, mas algo mágico que o prefigurava e o antecedia com maior força do que mídia atual, sob o principio da decomposição e composição do movimento a partir de imagens-fotogramas fixos.

Só foi conhecer sua forma atual, a perfuração e o formato 35 milímetros, com Emile Reynaud, o genial mágico e empresário do Teatro Robert Houdini (que passaria às mãos do não menos genial, o incomparável e soberano George Mélies). Em pleno século das luzes, a invenção, provindo da fotografia conjugada a projeção de lanternas chinesas, envolveu fotógrafos, químicos, físicos, artistas-inventores, artesões mecânicos e industriais que a transformam na maquina de produção-reprodução de imagens animadas, inicialmente através do desenho, e patenteadas graças a esperteza do feiticeiro de Menlo Park – Thomas Alva Edison – e do fundador da Kodak, Georges Eastman, criador do suporte em acetato.

Dos primórdios da sétima arte aos dias atuais, tentaremos nos textos a seguir evidenciar os momentos mais expressivos de uma nova arte(-ciência): a filmologia, tendo em vista suas relações com as artes temporais.

Por definição, o cinema é ritmo e movimento, gesto e continuidade. Em tudo o que vemos, temos que considerar três aspectos: a posição do olho que olha, a do objeto visto e a da luz que ilumina a realidade. Assim, o cinema não tem a função de preencher um buraco na parede, já que a sua missão é bem maior — ser uma janela sobre o mundo.

Segundo Godard, "Tudo é cinema. Tudo é ciência e literatura. E se misturássemos um pouco as coisas, tudo estaria melhor."

O que significa para o leitor a existência da filmologia? Cinema é talento, criatividade e erudição em sintonia com as raízes essenciais da expressão.

Este livro destina-se à in/formação filmológica a partir do exemplo de cinema independente, espontâneo e experimental, visando uma melhor compreensão de um fenômeno cultural pouco analisado: o cinema moderno. O objetivo é a formação de um público suficientemente bem informado sobre as diversas fases que representam a evolução sintática do cinema, como visão de um mundo em representação, em função de exemplos concretos, por um cinema atuante e consequente, capaz de exprimir a nossa "civilização da imagem".

Abordaremos certos filmes-limite para melhor exemplificar na prática o que constitui exatamente a essência do cinema moderno: sua relatividade voluntária, a desarticulação do discurso tradicional e uma evidente vocação neo-barroca. Trata-se de incorporar nossa experiência como um fenômeno interligado ao áudio-visual mundial, sob o ponto de vista de renovação de linguagem e criatividade, destacando a figura do realizador independente, motor de ideias cinematográficas. Evocaremos, assim, as relações profundas entre o veículo clássico e o moderno, através de uma interpretação o quanto mais exata possível da vanguarda do cinema e do romance moderno. Como compreender a sétima arte, senão valorizando seus criadores? Ao tentar ser íntimo com o real, o cinema deixa de ser objeto de exploração para tornar-se protagonista de si mesmo.

Remontando à origem da arte das evidências, concentramo-nos na oposição entre o cinema clássico dos anos 1930 e o exemplo revolucionário dos 1960, observando os instantes mais expressivos de uma arte em progresso — a filmologia crítica. Para tanto, buscamos tão somente a qualidade da síntese e a surpresa da interpretação objetiva. Sem ser exclusivamente didática ou analítica, essa exposição destina-se a formar e a informar profissionais, estudantes e interessados sobre as diversas fases da evolução sintática do áudio-visual.

Este livro é uma reunião de artigos publicados no Suplemento Literário de O Estado de São Paulo, na década de 1960, e na década de 1980 na Folha de São Paulo. Eu o dedico ao papa da crítica, Francisco Luiz de Almeida Salles, com quem eu dividi uma coluna semanal no Suplemento, e ao maravilhoso editor Décio de Almeida Prado. Os dois me transmitiram o entusiasmo inerente ao bom crítico. Acrescido à animação da minha juventude, quando o cinema se mostrava impressionantemente criativo aqui e em todo o mundo — suficientemente informado do que havia de melhor no cinema de Paris a Tóquio, parti para a ilustração e criação cinematográfica, quase como uma comprovação prática destas teorias que só poderiam produzir milagres na tela.

Minha filmografia descontínua atesta-os.

NOÇÕES DE CINEMA MODERNO

É fácil observar uma ruptura básica no cinema de alguns anos para cá, apesar do fato ter-se dado sem que muitos diretores e críticos o percebessem. O notável surgimento de filmes com novas formas narrativas e estilísticas, o número destas produções, seu caráter polêmico e alguns talentos revolucionários vieram trazer um novo mito à cultura contemporânea: o cinema moderno.

A diferença essencial entre cinema clássico e moderno baseia-se nos seu respectivos objetos.

O cinema tradicional pretende ser ideal e absoluto. Focaliza algumas personagens numa determinada época de suas existências, mas fornece um juízo extra-temporal sobre suas atitudes. Constrói uma intriga, desenvolve-a até um "clímax" e a finaliza dentro de rígidos princípios de narração e descrição. Não há dúvida, é um cinema construído, que alguns críticos chamam de "arrumadinho".

Todos os meios estão à disposição do realizador para que conte uma estória como se ela fosse a História. A câmera é onisciente; percorre todos os locais, esclarecendo dúvidas e fornecendo detalhes funcionais. Comparece sempre nos momentos certos, "humanos" e dramáticos — terminado este interesse exclusivo, corte. Há a montagem lógica, que tem por objeto relacionar fatos e ocorrências em função de uma intriga lógica, disciplinada e evidente. O crítico francês André Labarthe observa que os cineastas antigos não mediam esforços para obter a visão absoluta de uma determinada situação. Suprimia-se uma parede para colocar o aparelho nesta ou naquela posição — é o cinema tradicional que mais justifica o estúdio.

A captação do espaço e tempo se desenvolvia em termos absolutos. Invariavelmente usavam-se técnicas como o campo-contracampo, frases narrativas, progressão dramática, etc, mesmo quando as condições eram difíceis. Cada espécie de ângulo expunha obrigatoriamente uma situação: um plongée definia a fragilidade, o abatimento ou a solidão do personagem, o contra-plongée, por sua vez, pretendia o efeito inverso. Outro monstro sagrado, o close-up, perdeu inúmeras "significações" para ser sistemática e displicentemente adotado pela moderna narração.

Fala-se do cinema clássico como "arte total", citando-se Vidor, Mamoulian, Lang, entre outros. A grande fase é, sem dúvida, a década de 1930, após a eclosão do sonoro.

Alguns especificam como sendo o cinema norte-americano de 1934/36: em todo caso a verdade não está longe.

Os últimos remanescentes desta escola são os acadêmicos; sua formação provém de uma síntese de princípios de cinema mudo com as descobertas de após 1930. Autant-Lara, René Clair, Clouzot, De Toth, Richard Brooks, Mark Robson, Nunnaly Johnson, Robert Wise e outros, a maioria ingleses, e certamente todo o "realismo socialista" constituem uma saturação do cinema clássico. Apontam uma crise.

A partir de 1955, alguns realizadores compreenderam a desatualização da sintaxe cinematográfica tradicional e tentaram novas formas. Depois veio the spontaneous cinema norte-americano, a nouvelle vague e as diversas modalidades publicitárias. Um marco fundamental é a estréia de Robert Aldrich, "A morte num Beijo", em 1955.

Em todo caso, é evidente a requisição de uma liberdade expressiva, o desuso da retórica convencional.

No cinema tradicional a mise-en-scène pode ser definida como a construção de filmes. Realizadores com Ophuls, Renoir, Walsh, Mizoguchi, constroem filmes com admirável síntese entre forma e conteúdo, o que não acontece com os acadêmicos em geral. Aqueles são os "homens-orquestras", como diria qualquer manual cinematográfico, trabalhando conjuntamente como romancista, pintor, músico, dramaturgo, decorador etc. Explico-me: não quer dizer que façam a partitura musical ou os décors de um filme, por exemplo; trata-se da mise-en-scène que constitui uma simbiose, uma estruturação orgânica destes elementos, postos a serviço de um fim específico: o filme com visão absoluta (esta "visão", é claro, inclui audição, observação, contemplação).

Os cineastas clássicos podem ser definidos como os "architectes de l'image e du mouvement", como refere-se a contra-capa dos livros da coleção "Cinema d'Aujourd'hui".

Este ponto de vista absoluto é uma espécie de visão divina sobre os homens e o mundo; é um cinema que "vê do alto".

Grande parte do talento dos diretores baseia-se nisto — veja-se Fritz Lang, por exemplo, que vê as personagens com uma certa superioridade, uma leve indiferença — que possibilita uma crítica das mesmas e a consciência da irrefutabilidade da tragédia. Idem em Welles, outro expressionista (ainda carregado por um "neo"); Jean Cocteau declarou que em "Macbeth" a câmera observa os personagens do alto, em plongée, como que encarnando o Destino, refletindo sobre a inevitável fatalidade que os "dirige".

Deus e Destino com D maiúsculo aqui são a mesma coisa.

Já se disse que os grandes filmes (clássicos) apresentam o ponto de vista de Deus sobre o mundo. Mas, como afirmou Sartre, Deus não é artista...

Com o cinema moderno verifica-se uma passagem ao relativo. O cinema desce à altura expressionista, abandona o plongée para situar-se à altura do olho. O cinema deixa de ser Lang para ser Hawks. Esta passagem constitui a essência da ruptura cinema clássico-moderno.

Em primeiro lugar, o filme se localiza diante da realidade, muito vasta e profícua para ser abstraída e composta em doses, ou seja, obedecendo uma estrutura cartesiana. A câmera individualiza-se e toma posição frente à intriga; já não se situa em todos os lugares, posições, e até dois lugares ao mesmo tempo (montagem paralela). Alguns diretores usam a narração subjetiva (na primeira pessoa do singular: Resnais, de certa maneira Welles, Louis Malle, Irving Lerner — devido à estrutura do relato), geralmente entrecortando diálogo com monólogo interior.

Antonioni, Truffaut, Sugawa, Oshima, Yoshida, entre outros, adotam a narração objetiva (na terceira pessoa). Em experimentadores como Jean Rouch e Jean-Luc Godard o ponto de referência é o do homem com uma câmera: o mais avançado conceito de autor de cinema.

O cinema moderno parece estar baseado nas atuais noções de relatividade. Ao invés de pretender um "ângulo absoluto", impossível na vida real, busca o "melhor ângulo possível dentro de uma situação dada". Assim, já não há a idealização da realidade, mas uma integração com o real. A câmera procura captar os objetos tais como são — destituídos de qualquer aura romântica ou de "seus corações românticos". E o diálogo colabora para tanto (Godard, e o cinema americano em geral).

Verifica-se também uma busca do concreto. Grande parte dos filmes modernos passa-se em exteriores reais, localiza-se no contato com a realidade bruta. Invade objetos como automóveis, corredores, o elevador e a rua, em movimento, onde se sente as limitações da captação do real. A "câmera na mão" pode ser considerada como uma forma primitiva de relatividade cinematográfica, fornecida pela sensação de limitação e fragilidade. É justamente aquele "melhor ângulo possível" e para tanto usa recursos mais fáceis como o travelling sem trilhos (que não é absolutamente invenção do cinema moderno), maquinaria reduzida, filmagem com luz natural e sem rebatedores, som direto, pequena equipe. Há maior expansão dos movimentos — como liberdade ao ator — e o resultado é a espontaneidade de filmes como "Cléo das 5 às 7" ou "Sede de sangue". Ou algumas fitas ("Acossado", do Godard, "Shadows", de John Cassavetes, as obras de Jean Rouch e Chris Marker, entre outros) que são inventadas na hora da filmagem.

Não há situações preconcebidas, estas nascem em contato com o espaço e tempo reais, determinados, concretos e individuais. Uma parede imprevista, um gesto não ensaiado, um reflexo solto, são instantes espontâneos e fugazes que, registrados pela objetiva, tornam-se preciosos e vitais: são instantes de liberdade. É o mesmo tratamento dado aos seres e objetos em certos cinc-jornais que, juntamente com a televisão e o documentário, influenciaram tremendamente o cinema moderno. Estamos em pleno domínio do cinema-ensaio, gênero relativista por essência.

Nestes realizadores verifica-se uma displicência geral na montagem, o amor pela cena longa e os movimentos insinuantes, além de uma absoluta liberdade narrativa (ausência de progressão dramática, sequências longas ao lado de curtas; ritmo na imagem e não na montagem etc).

A improvisação é um processo arriscado, exige muito do diretor mas oferece possibilidades ilimitadas. Constitui justamente a valorização do instante presente e o cinema é "a arte do presente".

Sabe-se que esta mesma valorização verifica-se no documentário; os grandes cineastas da atualidade são, todos eles, documentaristas: Antonioni, Resnais, Visconti (documentaristas da alma). Godard, Losey, Hawks (documentaristas do corpo). Ou, quando adotam uma ficção, dão-lhe um tratamento que pode ser definido como uma ficção documental (Francesco Rosi — especialmente "O bandido Giuliano"; Maselli em "Os delfins", Truffaut em "Uma mulher para dois"; Agnes Varda em "Cléo das 5 às 7", etc). A maior parte dos filmes modernos possui pelo menos um tom documental, especialmente os da nova geração norte-americana. Ou, então, de crônica, como em quase todos os italianos (Antonioni, Visconti, Zurlini, Bolognini, Petri, Maselli, Fellini, Rossellini, De Sica, Damiano Damiani, Vancini, De Sanctis e outros).

A construção rígida, própria dos filmes tradicionais, encaminha o filme a um desenlace preciso; como já disse, desenvolve uma consciência extra-temporal, reflete sobre o destino futuro e passado das personagens etc. Assim, pode-se perfeitamente "prever o que vai acontecer" na estória. A valorização do presente faz com que a cena não exista em função da estrutura e do desenlace, mas em função de si mesma. Cada cena reflete e revela o presente (Antonioni, especialmente em "A aventura"; Losey, Bergman).

De maneira geral, o cinema moderno tenta desenvolver as possibilidades descritivas do cinema que é também a "arte das aparências". "As aparências enganam" — a psicologia tradicional baseia-se neste axioma, mas Godard, Antonioni e Rosi acreditam que não. Por isto, a única possibilidade de conhecimento se dá com a captação da superfície dos seres e objetos, num eterno presente — que constitui o instante privilegiado, o instante de liberdade.

PASSAGEM AO RELATIVO

Cinema moderno é uma questão de distância entre câmera e ator, autor e personagem, diálogo e inconsciente coletivo. A obra de Howard Hawks se caracteriza por esta modernidade evidente: cinema, câmera e pensamento "à altura do olho", quer dizer, ao relativo, realista e adequado nível humano: à altura do homem (consequentemente da nova humanidade).

Fundamentalmente, o cinema moderno constitui essa passagem ao relativo. Filmes descem da altura expressionista, substituem o plongée (câmera alta) pela câmera na mão. Chegam ao homem. O cinema deixa de ser Lang para ser Hawks — sobretudo no terceiro mundo, onde a precariedade técnica, mais que a física, e a fenomenologia impõe a provisoriedade estética — prova da relação com o real.

Abandonando qualquer certeza, os filmes ingressam na perspectiva de um talvez: hoje a narração é falível, incompleta e até obscura. Os personagens se tornam ambíguos; toda rigidez tende a desaparecer. O filme moderno comporta inclusive defeitos técnicos. Sentimos a limitação (base instrumental da arte barroca) destes filmes frágeis e nervosos que não ambicionam se eternizarem. Portanto, não é mais o ângulo ideal de uma situação (que justificava o estúdio), o ângulo absoluto, que o cinema contemporâneo oferece, mas o melhor ângulo possível (ruas) e interiores (apartamentos) reais.

Voltando à dualidade Lang/Hawks, digo que o cinema clássico praticamente filma o Destino, enquanto o moderno filma a História. Destino (documentário tratado como ficção) versus História (vice-versa). Observe-se, por exemplo, filmes-limites como "Sigfried", de Fritz Lang, e "Scarface", de Howard Hawks. O cinema moderno toma o real como ponto de partida, enquanto o tradicional adota-o como ponto de chegada. Obedecendo a um determinismo artesanal, o cinema clássico impõe velhas estruturas fatalistas. O tempo mítico é típico da arte tradicional; substituído pelas novas soluções de duração concreta, condiciona-se à sua própria provisoriedade estética. Deixa de ser aquele "universo espaço-temporal no qual a história desenvolvida é puramente imaginária, não sendo objeto de nenhuma posição da existência", mundo imaginário e correlativo de uma crença que descende diretamente da concepção acadêmica do artista, do homem que esquece a si e ao mundo, da obra sem autor, do realizador impessoal. Este está, assim, fatalmente destinado a fazer "coisas eternas", Lang, Wyler, Sternberg perseguiram o mesmo ideal fugaz, igualmente auto-complacentes com a verdade, também são homens da "Grande Arte".

No cinema como política, moral, estética, a revolução formal significa simplesmente opção diante da certeza e o talvez. Em sua passagem ao relativo, o cinema atual propõe uma solução dialética: conflitar os dois métodos de captação da realidade (Destino versus História), sobrepor o destino individual com o coletivo, comunicar a mente com a massa. Tratar o indivíduo em termos históricos significa levantar o véu de Ísis sobre seus problemas coletivos: emigração, exploração, segregação do homem-lobo-do-homem, visto pelo... novo homem, consequentemente pela nova humanidade. Acentua-se um conflito dialético entre a realidade e a ficção, o destino e a história, o real e o imaginário. A maioria dos novos filmes se baseiam nessa intercalação de dois níveis diferentes. Acentuando os contrastes, "O homem dos olhos de raio-X", de Roger Cormam, "Pickpocket", de Robert Bresson e "O pequeno soldado", de Godard põem em questão o próprio jogo do real e o imaginário.

O documentário e a ficção propõem, além de saídas, tempos diferentes. O primeiro faz o cinema entrar na História (Vertov, Flaherty, Rosselini), enquanto a ficção situa-se ao nível do Destino. Do determinismo ao fatalismo, o cinema tradicional se realiza no cinema de ficção, concretizando uma visão ideal do conflito. É difícil encontrar hoje um filme que não seja momentaneamente marcado pelo estilo documental, improvisação ou mesmo pela inserção de cinejornais e recursos televisivos.

A dúvida do cinema já se encontra em seus primórdios, na oposição Lumiére-Méliès, ou seja, entre reportagem, documentário e cinegrafistas de atualidade que captam a verdade direta das coisas, ao contrário da tendência Méliès-Lang, Welles, Resnais e todo cinema "avant garde", de origem teatral ou romanesco.

A grande maioria dos filmes modernos são reportagens ou ensaios sobre uma ficção ("Alphaville" e "Pierrot le fou", de Godard). O cinema moderno generalizou o apelo ao documentário. Não existem mais "documentário puro" ou "ficção absoluta". A dissolução dos gêneros é outra constante.

Cineastas os mais diversos (Antonioni, Preminger, Resnais) alternam ficção, documentário e estilos diferentes. Orson Welles, o neo-realismo e nouvelle-vague instituíram em diferentes épocas essa forma direta de filmar, aquele apanhar-a-vida-em-flagrante ou escrever-na-própria-pele-da-vida que o oito milímetros, superoito, vt e o filmagnético (sob o princípio da câmera automática tipo one-man shooting) consagram, viriam ou deveriam definir como formas alternativas de produção cultural, com menor custo operacional, em campo no Terceiro Mundo.

Alguns exemplares japoneses exploram o neodocumentarismo até onde é possível. "Condenado pela consciência" (scope, branco e preto, 16mm ampliado para 35mm, do mestre Tomu Uchida) e "Segredo de uma esposa", de Shohei Imamura são cine-jornais de noventa minutos de duração concreta que conjugam dramas íntimos com acontecimentos reais.

Como Alain Resnais, Godard, Kubrick, Fernando Campos projetam o drama individual (dúvida medo memória — a ficção) no conflito coletivo (a bomba, constatação da miséria da guerra — o documento). Tal relação, longe de prejudicar a fluência dos filmes ou isolá-los do espectador, constitui sua essência profunda.

Verificou-se um depojamento de estilo da interpretação, iluminação idem, uma modificação na estrutura do filme e tratamento de personagens. Daí a simplicidade estrutural de "Acossado", Flaherty ou de certas obras de Rosselini: seguir um personagem na vida e/ou morte. Até descobrir seu mistério.

O CINEMA E SUA DÚVIDA

"Não há meias medidas. Ou a realidade ou a ficção. Reportagem ou mise-en-scène. Opta-se a fundo pela arte ou pelo acaso — construção ou constatação?" (pris sur le vif: Jean Luc Godard): o cinema e sua dúvida: documentário ou aventura, o que é realmente o cinema?

O cinema, assinala Robert Bresson, é "movimento interior" — a arte de não dizer nada não é código nem espetáculo mas uma linguagem de imagens e sons em movimento capaz de produzir a voz do silêncio. Cinema não é teatro nem música ou literatura. Cinema é cinematógrafo (como designavam quando apareceu o aparelho que filmava e projetava — eventualmente copiava — a película perfurada 35 milímetros). Se para Roger Vadim "é uma arte das massas", para Jean Pierre Melville "não se pode levar o cinema muito a sério". Já para Godard trata-se de uma "arte ilusória; detesto o cinema; o verdadeiro cinema consiste somente em por alguma coisa diante da câmera". Atenção para a definição felliniana de Federico Fellini: "O cinema é a arte em que o homem se reconhece da maneira mais imediata: um espelho no qual deveríamos ter coragem para descobrir nossa alma". E Alain Resnais: "O filme é uma tentativa ainda grosseira e primária de aproximar-nos da complexidade do pensamento, do seu mecanismo". Nicholas Ray: "É a melodia do olho". Orson Welles assegura: "Eu não amo o cinema, salvo quando eu filmo; então é preciso saber não ser tímido com a câmera. É preciso violentá-la, forçá-la em suas últimas reentrâncias, pois ela é uma vil mecânica — o que interessa é a poesia". "Ação, ação, ação — acentua o talento aceso de Raoul Walsh — eis o tema dos primeiros filmes e daqueles que hoje em dia fazem sucesso. A tela deve estar sempre cheia de acontecimentos". "A câmera deve ser um lápis na mão do diretor", segundo W. D. Murnau.

(Atenção aprendizes, débeis mentais ou cegos de espírito: "É preciso introduzir uma grande variedade de elementos diferentes num filme para que seja construído mais ou menos como uma peça musical, uma sinfonia").

Para resolver o conflito entre a verdade (Lumiére: "O cinema é uma arte sem futuro"...) e a mentira (Meliés, mágico sucessor de Robert Houdini e Émile Reynaud, isto é, do teatro de sombras chinês), a maioria dos realizadores tentaram fundir os opostos observando que "tudo é a mesma coisa", mas na verdade Flaherty é uma coisa, Orson Welles (êmulo do teatro expressionista de Max Reinhardt) é outra. Normalmente, na maioria dos filmes, não há conflito, porque não existe nem uma coisa nem outra.

No caso, o documentário e a ficção propõem, além de saídas, tempos diferentes. Aquele faz o cinema entrar na História (Flaherty, Dziga Vertov, Eisenstein, Rosselini) enquanto essa situa-se ao nível do Destino (Chaplin, Griffith, Welles, Lang, Uchida). O primeiro concretiza uma distância crítica entre filme e realidade — daí nasce principalmente a denúncia social e a discussão política sobre emigração-segregação-exploração do homem pelo homem. O fim último do cineasta contemporâneo não é o cinema mas o espectador que — junto com o ator — constitui tese e antítese do cinema moderno (e não o contrário).

Entre a câmera e o cosmo, Griffith, Welles, Lang promovem uma distância moral. A sintaxe cinematográfica dos anos 1930 e 40 orienta-se à procura de um ponto de vista ideal, onisciente, privilegiado, completo do mundo. Os diretores do passado não mediam esforços para por a câmera nesta ou naquela posição, a fim de obter o "ângulo ideal". Por isto o cinema tradicional fechava-se no estúdio, fabricando mundos impossíveis.

Ligando-se à arte tradicional, formava "uma consciência culpável a Deus", assim como Thibaudet se referiu a Balzac: "A Comédia Humana" é a imitação de Deus, o Pai, e segundo ele "o artista não tem o direito de expressar sua opinião sobre alguma coisa, Deus já expressou alguma vez uma opinião?".

O cinema que vê do alto parece imitação do olhar divino. Cocteau observa que a câmera de "Macbeth" de Orson Welles olha os personagens do alto, em plongeé, encarnando o Destino e reflete sobre a inevitável fatalidade que os dirige. Aqui, Deus e Destino são a mesma coisa e todos os críticos sabem que os grandes filmes apresentam o ponto de vista de Deus sobre o mundo. Hoje aquele ponto de vista não interessa. Sartre já disse: "Deus não é artista". Albert Camus nota que "nossa época é mais da reportagem que de obras de arte".

Só os grandes filmes destroem as fronteiras habituais entre verdade e mentira: Godard adianta que os grandes filmes de ficção tendem ao documentário assim como todos os grandes documentários dirigem-se à ficção. "Ivan, o terrível" tende à "Que viva México" e vice-versa — "Arkadin" a "It's all true" (esse último, um documentário inacabado de Welles sobre a América Latina: tourada, carnaval, jangadeiros) e reciprocamente. Uma coisa comporta parte da outra e o próprio Godard reconhece que "quem opta por uma tendência necessariamente acha a outra no fim do caminho". "Lola Montes" é o contrário de "Jaguar", mas eles se impõem e se equilibram porque são filmes puros — filmes de homens livres.

FUNÇÃO DA CÂMERA

O fim último do cinema moderno não é o cinema mas o espectador. O espectador e o ator são pólos dialéticos do cinema moderno. Welles, Buñuel, Hitchcock promovem uma distância moral entre a câmara e o mundo. Wadja, Rosi, Visconti concretizam uma distância crítica entre a ficção e a realidade. Daí nasce principalmente a denúncia social e a dissertação política: seja em torno de emigração, exploração, segregação.

Uma das formas mais eficazes de distanciamento é aquela realizada no ator, pelo próprio ator, através da consciência do ator de que não está "vivendo" nenhum drama, mas simplesmente trabalhando num filme. Rompem com a clássica identificação do público com os personagens: o bandido Giuliano do início do filme de Rosi já é um cadáver, só o veremos depois de morto – o que impede qualquer comunhão afetiva do espectador, preservando sua autonomia para observar as causas da miséria e exploração da Sicília pela Máfia capitalista. Não interessa o drama individual, eis um exemplo perfeito de distanciamento crítico. Em "Aventuras de Tom Jones", Tony Richardson recorre ao teatro, onde o espectador não é conduzido a identificar-se com os personagens, ao contrário do cinema tradicional, onde eles invadem nossa individualidade e comprometem nossa lucidez.

Hoje o espectador não é iludido pela tela: passou a época da fascinação e do deslumbramento alienante. De certa maneira, ele tem consciência de sua situação — de que é um espectador, nada mais ("Bandido Giuliano", "Viver a vida"). O público não precisa aceitar em bloco o filme e as ideias contidas: é preciso dar-

-lhe liberdade para que possa pensar e concluir por si mesmo. Desde "Cidadão Kane", o espectador é um homem livre, seja para refletir os fenômenos sociais (Visconti, Rosi), seja para observar o mecanismo da tragédia (Welles, Losey), ou simplesmente para deixá--lo livre (Godard). Além da verdade do autor, na relatividade do cinema moderno impõe-se a verdade do espectador.

André Bazin assinala que "a verdade cinematográfica reside no simples respeito fotográfico da unidade de espaço", demonstrando a profundidade de campo sonoro/visual como linguagem fundamental do cinema moderno. Nesse, toda imagem é sentida como objeto e todo objeto como imagem: cinema concreto.

Função da câmara — fixar o instante (isto é, percorrer espaços, seguir os personagens). As imagens como síntese e não como análise da realidade. É a mesma política de Lumiére e do ideograma oriental, boa parte do cinema mudo e dos seus sucessores diretos: os cinegrafistas de atualidade, que registram fatos em estado bruto, documentos anti-discursivos, onde a montagem mais mostra do que demonstra (montagem dentro da câmara).

A duração concreta se caracteriza pela singularidade e irreversibilidade — é o tempo da História, portanto da verdade e do documentário, ao contrário do tempo mítico de um Resnais ou Fellini, que é uma idealização ou facilidade definida pela igualdade teórica de suas partes e pela livre reversibilidade. O cinema moderno trata as cenas como objetos ou quadros independentes que situam e refletem o presente sem apelações do tipo monólogo interior ou flashback decorativo. Alguém já disse que Antonioni, Godard, Preminger não dirigem um filme mas uma série de cenas independentes. Esses realizadores se preocupam para que o tempo não seja visível ou eloquente — não simbolizando-o. No máximo, sentimos a ação do tempo (interior) que se manifesta no espaço (exterior) nas mutações sofridas pelos seres e objetos e suas relações, que é o mais importante. A duração concreta é quase um "tempo sem tempo", suspense sem suspensão dramática.

A função da câmera no cinema é seguir o homem para achar a sua verdade. Frequentemente também segue os objetos, animais, máquinas (Howard Hawks, Jerry Lewis, Bresson). Hawks é precursor desta relação livre de ator e câmara: "Scarface" (1931) é simplesmente a descrição do cotidiano dos bandidos de Chicago.

Mise-en-scène no seu personagem e no seu trajeto: Welles ("A marca da maldade", 1957), Andrej Wajda ("Cinzas e diamantes", 1958), Antonioni ("Aventura",

1959), Francesco Rosi ("A provocação", 1967) e Godard ("Alphaville", 1965). O cinema moderno tem usado e abusado desta narração unilinear do romance, concentrando-se no personagem durante um determinado momento de sua existência. Os coadjuvantes funcionam como pano de fundo, não modificam a ação ou a realidade, assumem uma dimensão reflexiva ou contemplativa.

Em essência, a narração unilinear deve muito à técnica documental: apreende em estilo direto algumas horas da vida de indivíduos que vivem, sofrem e refletem sobre sua situação. Geralmente é uma fase transitória e importante momento de transformação da vida de um homem ou de uma nação.

Daqui à estrutura simbólica e à alegoria política-existencial há somente um passo ("Canal", "Cinzas e diamantes", "O processo").

Noutros casos, a narração unilinear recorre à fragmentação temporal para melhor se concentrar sobre um personagem. ("Kane", "Assim estava escrito", "Condessa descalça", "A Malvada", "Bandido Giuliano", "Viver a vida"). De maneira geral, tal narração tende à unidade de tempo, exploradíssimo no início dos anos 1960, com fluxo contínuo quando a duração diegética (do entrecho) coincide (ou quase) com o tempo de projeção. Exemplo precursor: "Festim diabólico"

(1948), de Alfred Hitchcock, adaptado de uma peça teatral sobre um crime real, onde a ação dura noventa minutos, o tempo de um jantar; assim como "Punhos de campeão" (1949, de Robert Wise), ou "Matar ou morrer" (1951, de Fred Zineman) ou para citar um exemplo piegas mas experimental: "Cleo das 5 às 7", 1961, de Agnes Varda. A modernidade vem do fato da ação basear-se no personagem, dependendo do tempo presente, que é o tempo da consciência; ao contrário do cinema tradicional, os momentos não são organizados arbitrariamente segundo uma lógica dramática de ação/reação, manifestos no jogo de campo/contracampo de um tempo mítico; não se trata da vida em momentos, mas simplesmente de momentos da vida como ela é: instante de liberdade.

A CÂMERA CINÍCA

Verifica-se, tanto no cinema como no romance contemporâneo, uma acentuada preocupação pela visão, pelo olhar, como forma de captação da realidade. O mesmo acontece com a fenomenologia e a ciência moderna; e o grupo de escritores do noveau-roman foi chamado de "école du regard" devido a importância da visão em seus romances. Tanto no romance moderno como na fenomenologia parte-se da descrição da superfície e da aparência dos objetos a fim de se encontrar o significado dos mesmos.

Já é um chavão dizer que o cinema "é a arte da imagem", mas não é por isso que a frase deixa de ser verdadeira. Que arte, melhor que o cinema, consegue captar os objetos em sua aparência, dependendo fundamentalmente da visão?

Há, no cinema moderno, alguns realizadores que tentam captar a realidade através do elemento visual, do olho, buscando reinterar a imagem cinematográfica na pura visibilidade. Em Howard Hawks, Samuel Fuller e Jean-Luc Godard, o elemento fundamental de captação da realidade é a visão, e é através da câmera cinematográfica que se dá esta visão; daí a importância do jogo visual da câmera no filme moderno. Ao ser perguntado como utilizava a câmera em seus filmes, Howard Hawks respondeu: "à altura dos olhos".

A câmera tenta reter as aparências puras dos seres e dos objetos e para tanto renuncia a "qualquer referência ao falso mistério, a sugestão ilusória do inexistente 'coração romântico' dos objetos" (Alain Robbe-Grillet, em entrevista a J.G. Merquior, revista Senhor, nov. de 1962). "Os seres e os objetos já não são situados psicologicamente, nem moralmente, e ainda menos sociologicamente" (Godard); pode-se dizer que estão situados no plano visual.

A câmera retém apenas o essencial: as aparências visuais dos seres e dos objetos. Assim, ela os abstrai das noções acima citadas, até delineá-los em suas justas e verdadeiras dimensões. A realidade é, então, despojada, abstraída e finalmente reintegrada em seu estado bruto.

Para melhor possibilidade da visão pura dos objetos, a câmera afasta-se deles, observa-os de longe, procurando não alterá-los. Assim como na distanciação brechtiana, este recuo impõe uma certa indiferença em relação aos seres e objetos enfocados: é a câmera cínica.

A câmera cínica é a câmera que deixou de participar do movimento dramático, distanciou-se dele; olha-o indiferentemente, olha-o apenas. Em "A lei dos marginais", Samuel Fuller filma um assassínio em plano distanciado e em um suavíssimo travelling lateral: a indiferença e o cinismo tornam-se, aqui, soluções trágicas.

Com essa distanciação, rompe-se a relação dramática câmera-personagem; obtém-se a visão desdramatizada dos seres e dos objeto, e nessa passagem reintroduzem-se eles em si mesmos. (Por exemplo: normalmente, em uma cena dramática, o uso do close-up funciona como descrição psicológica da personagem; a câmera cínica filmaria esta cena de longe, geralmente em plano médio, a fim de captar não a psicologia da personagem, mas um acontecimento visual).

Pode-se observar que, nesta evolução, a câmera autonomizou-se e se tornou uma forma livre de contato com a realidade.

A reintegração dos seres e dos objetos na dimensão ocular pode ser exemplificada com o título de um filme de Godard, "Uma mulher é uma mulher". Suprime-se, assim, qualquer noção adjetiva, como por exemplo, "a mulher é fatal", "a mulher é misteriosa", etc, para ela ser ela mesma: "Uma mulher é uma mulher". Um crítico carioca definiu "Hatari" como o "reencontro do homem consigo mesmo", e com toda razão. O cinema moderno tenta, através da visão, reintegrar o ser no ser, o objeto no objeto, a personagem na personagem. Trata-se enfim de uma tentativa de reencontro dos elementos com eles mesmos.

A câmera realiza, então, um trabalho difícil: o esvaziamento do heroísmo das personagens. São esvaziadas de qualquer inteligência, de moral, de psicologia, de sociologia, de utilitarismo, de dependência ao espaço e ao tempo. O que subsiste é a pura visão delas. As personagens de "Hatari", de Howard Hawks, são, realmente, heróis vazios. Nos filmes de Fuller, Godard e Hawks, a câmera é um objeto-único que empreende a pura constatação dos outros objetos.

Não dramatiza a ação, ao contrário, procura esvaziá-la de qualquer ênfase, a fim de registrá-la através da pura e desdramatizada visão. Com este despojamento, resta apenas o estado bruto dos seres e objetos.

Jean-Luc Godard diz que, em seus filmes, "tudo se passa no nível animal e ainda este nível animal é filmado de um ponto de vista vegetal, quando não mineral". Tanto Hawks como Fuller e Godard usam a câmera como objeto sensorial (o olho, um dos cinco sentidos), o que só pode acontecer no universo do instinto.

Pode-se observar que nos filmes destes diretores os conflitos provêm do caráter animal das personagens, da condição animal do homem. E é por isto que a psicologia é relegada a segundo plano, tornando-se impotente para "explicar" este instinto (o mesmo acontece com a moral e a sociologia).

Samuel Fuller fez tábua rasa com a psicologia em "Casa de bambu": não se sabe por que o vilão é vilão, por que se tornou um marginal. Apresenta-se apenas um fato: ele é vilão, assim como o policial é policial. Quando o policial delata o vilão, que é seu amigo, não nos é explicado o porquê desta decisão. O único fato que sabemos é que ele traiu o amigo, porque é policial enquanto que seu amigo é marginal. Godard explora uma situação idêntica, com humor negro, em "Acossado", quando Michel diz que "denunciar é normal, os delatores delatam, os assaltantes assaltam, os assassinos assassinam, os amorosos amam". Tanto Fuller como Godard não forçam uma explicação, não impingem um conhecimento relativo, porque sabem que não conseguimos conhecer, saber ou possuir os seres e objetos, conseguimos somente ver que eles existem. (Outro diálogo de "Acossado": Patrícia diz a Michel que "gostaria de saber o que há por trás de teu olhar. Olho-te durante dez minutos e não sei nada, nada, nada!").

Trata-se da evidência do "ser" em contraposição à relatividade do "saber" e do "possuir". Na filosofia isto poderia ser definido como a essência que é preterida pela existência (dos seres e dos objetos).

As personagens destes diretores não sabem nem possuem nada: agem; assim como nós não as possuímos ou conhecemos, apenas vemo-las. Daí a propriedade de chamá-las de heróis vazios.

Por outro lado, este tríptico animal-vegetal-mineral, a que Godard se refere, constitui o universo de Hawks, em "Hatari", que tais níveis são fundidos em um bloco único, fazendo parte de uma mesma realidade do instinto. (Hawks usa os animais como personagens ambientados na "intriga" na mesma medida em que usa Elsa Martinelli ou Red Button; chega, inclusive, a filmar os animais em close, o que não acontece com as personagens humanas). É que em Hawks, como em Fuller e Godard, o homem interessa como ser animal.

Vislumbra-se, assim, uma procura geral neste realizadores: a reintegração do ser na própria origem animal, na irracionalidade. A pura visibilidade é irracional, é o "olho no estado selvagem", como propunha Breton. A câmera cínica procura a visão irracional dos seres e objetos a fim de alcançar a pretendida realidade relativa, despojada de qualquer interferência racionalista, intelectual. Em "Le Voyeur", romance de Alain Robbe-Grillet, também há esta procura da pura imagem das coisas, e para tanto o objeto é destruído, até restar dele somente a pura aparência visual: "um cais, reduzido a seu "ser-cais", a uma série de linhas, figuras, geometrias". Em relação a este romance, perguntou-se: o puro olhar é o mais livre? — a absoluta liberdade?" E Godard respondeu: "o olhar é uma forma de liberdade".

(Fundamental: a câmera cínica é um instrumento de liberdade).

BECOS SEM SAÍDA

Já se sabe que o herói do filme moderno recebe um tratamento diverso do tradicional. O filme não se dispõe a "explicar" ou definir o interior do personagem, seja através da psicologia, psicanálise, intimismo, etc. Não há aquela "análise clínica", porque o ser é impenetrável. Já tive oportunidade de discorrer sobre a "câmera cínica", o aparelho que não efetua a análise psicológica, moral ou sociológica do personagem, porque os resultados seriam relativos. Não é possível conhecer seu íntimo, no máximo o que se pode fazer é olhá-lo. Chamá-lo-ei de herói fechado. Sofre crises profundas e insondáveis, que não são definidas pelo filme.

O precursor e também protótipo do herói fechado é, provavelmente, "Cidadão Kane" (1941), que pronuncia no leito de morte uma palavra desconhecida e inexplicável (Rosebud). Um repórter, incumbido de descobrir o seu significado, entrevista os contemporâneos de Kane mas nem estes conseguem defini-lo. A crise interior do personagem está diretamente ligada à palavra, percebe-se claramente que há uma crise profunda. Mas esta é inacessível e impenetrável: sabe-se de sua existência mas não de sua essência.

No filme moderno, o que acontece em relação ao herói são erupções de facetas e temas ligeiramente insinuados. Assim, por exemplo, em "Acossado" destaca-se o tema do suicídio de Michel, mas as causas e efeitos não são dadas; Yoshida delineia o suicídio de "Sede de sangue", mas não oferece nenhum porquê; Samuel Fuller apenas sugere um homossexualismo entre o chefe dos bandidos e o policial de "Casa de bambu". Pode-se notar que há a predominância do desconhecido sobre o conhecido, do irracional sobre o racional, do fatalista sobre o realista. Faltando qualquer explicação, os temas adquirem ares ilógicos e passam a representar o absurdo do mundo contemporâneo.

"Cidadão Kane" é também precursor da construção narrativa moderna. A vida de Charles Foster Kane é relatada em fragmentos, isto é, em seis depoimentos de contemporâneos seus, focalizando-o em diversas fases de sua existência, da infância à velhice. A cronologia então se quebra. Esta fragmentação temporal viria a ser um dos recursos fundamentais do filme moderno.

A construção atual diverge daquela convencionada pelo uso porque a intriga se desenvolvia em "crescendo". Em Yoshida, Godard, Sugawa ou Resnais, não há aquele desenvolvimento progressivo: o tempo é solto. Usam a repetição constante, que não evolui e é um eterno errar, retornar, continuar em círculo vicioso. Com este processo, o herói está preso numa sucessão circular, vale dizer, encarcerado no tempo.

A tônica dos personagens modernos é a procura da liberdade, a busca de uma saída. Por outro lado, as condições de encarceramento variam de autor para autor. Alguns realizadores as aprisionam no tempo, na existência que é sempre a repetição de idêntico processo doloroso. A liberdade dá-se com a destruição do herói. Trata-se do tema da saída através da morte; Godard usa-o quase que exclusivamente; Fuller, idem; Yoshida notabilizou-o em "Sede de sangue"; Louis Malle, em "Vida privada"; David Lean, em "Lawrence da Arábia".

A saída através da morte é visualizada por um esquema plástico: o herói corre por um caminho fechado, estreito e aprisionante até desembocar em espaço aberto, a saída, onde encontra a morte. Michel, de "Acossado", assim alcança a salvação, sucumbindo no final; Lawrence realiza esta trajetória na sequência em que corre de motocicleta pela estrada vazia até tombar; o personagem de "Anjo embriagado" (Kurosawa) desloca-se por um corredor extensíssimo até, mortalmente ferido, aniquilar o inimigo; em "A lei dos marginais" (Fuller), o gangster corre pela avenida vazia até morrer no beco; a heroína de "Cama de capim" (Michael Cacoyannis) também empreende uma trajetória semelhante até ser sacrificada; idem, em "Armadilha a sangue frio" ("The Criminals", de Joseph Losey).

Paralelamente, há o desenvolvimento do tema do homem perseguido. Não há dúvida que já foi ele bastante exercitado pelo cinema americano e que já existe uma longa tradição de perseguições e mortes épicas, grandiloquentes. (Lembro as mortes gloriosas de "Acossado", "Armadilha a sangue frio", "Anjo embriagado", etc.).

Estes filmes mantém a estrutura da tragédia, já que o personagem alcança a liberação através da morte, encontrando o destino no final de um corredor, viela ou avenida. O tema é direta ou indiretamente provindo de raízes tão diversas como o western, a tragédia, o melodrama policial e o filme de gangster.

Em "Kanal" (Andrzej Wajda), um batalhão erra pelos intermináveis esgotos de Varsovia em busca de uma saída. Somente o casal de amantes sobrevive. Mas a decepção os espera no final; o esgoto é trancado por grades intransponíveis, impedindo-os de chegar ao mar, ao amor e à liberdade. Não há mortes. Nem saída. O aniquilamento é inevitável e a liberdade é impossível. A única solução possível, se é que assim podemos chamá-la, dá-se pela loucura e alienação (o músico que afunda nos excrementos tocando gaita).

"Facínoras mascarados", filme americano de Charles Guggenhein, desenvolve a trajetória de um grupo de gangsters que pretende assaltar um banco. O golpe fracassa e os personagens alcançam destinos diferentes: um se suicida, outros são assassinados, restando somente um vivo, que é aprisionado pela polícia. Enquanto aqueles encontraram uma saída através da morte, para este não há saídas. Queira ou não, é obrigado a viver, a suportar as consequências, a frustração e o fracasso. Está encarcerado vivo. Aprisionado e sem alcançar nenhuma saída, debate-se numa procura inútil, vivendo uma situação congelada e repetida: para ele não há evolução.

Em "A noite", esta condição seria levada às últimas consequências: princípio e fim são absolutamente simétricos, com os personagens repetindo-se a si mesmos, não alcançando nenhuma modificação (em Antonioni só há a lenta transformação das relações entre os personagens). "Noites de circo" também mantém a simetria: no intróito vemos chegar a caravana do circo e, no final, depois da fracassada tentativa de suicídio, Albert abandona a cidade, continuando a viagem interminável (que, em Bergman, é uma metáfora da existência).

Como pode-se observar, o herói desenvolve uma trajetória infinita, sem alcançar a saída (a morte). Está aprisionado no tempo, condenado a suportar passivamente a existência: a tragédia paralisada.

As figuras dos cartoons de Chuck Jones também estão nesta situação. Bip-bip e Coiote repetem eternamente as mesmas peripécias, correm por um espaço enorme mas retornam sempre ao mesmo ponto de partida. (Como em Antonioni, a ação passa-se em um campo aberto, vazio e interminável, onde a linha horizontal impõe a eternidade das situações). Coiote tenta vingar-se, mas sai perdendo sempre. Sofre quedas de montanhas altíssimas, esborracha-se contra caminhões em alta velocidade, que o castigam mas não o matam.

Também são heróis sem saída. Sofrem mas não morrem. Não tem o dom da morte, porque esta seria uma alternativa. Não há soluções. A própria imortalidade também pode ser uma condenação.

CÂMERA CLINICA

Se o cinema de Bergman, Fellini, Wajda se baseia frequentemente nas possibilidades (literárias) de jogar com o tempo, os novos filmes exigem uma exploração sensível do espaço. Antonioni, Godard, Hawks recusam o flashback, monólogo interior ou câmera subjetiva, qualquer recurso literário de falsificação cronológica (sem abdicar do diálogo off na primeira pessoa, próprio do romance). Exploram a duração das cenas (o cinema é uma arte muito mais temporal do que espacial, embora envolva as duas coisas ao mesmo tempo) funcionalizando os instantes restantes após gestos importantes, aqueles em que aparentemente não acontece nada: os tempos mortos, onde Alain Resnais mostra todo seu talento. Essa exploração é difícil e perigosa, exigindo tudo do cineasta.

Assim, a tragédia se impõe através da reflexão diante do objeto puro, destituído de interferências e julgamentos (que é comparar o que as coisas são com o que deveriam ser) de ordem antropocêntrica (o ser não é medida do objeto e vice-versa), sob o ponto de vista parcial, arbitrário e faccioso do enfoque moral, psicológico ou sociológico — abusivos portanto ilógicos e em nome de uma falsa lógica ou de um idealismo superado. O ponto de vista mineral-vegetal-humano da câmara à altura do olho ou do cinegrafista de atualidade não alimenta ilusões estáticas quanto à sua transitoriedade, relatividade ou reversibilidade, efeito de escolha. A desdramatização — ou distanciamento crítico — significa visão do objeto destituído de dramatismo anedótico, moral, parcial, psicologia ou sociologia do passado. Olhando insistentemente, a câmera contemporânea reflete sobre a cor, largura e espessura de paredes, personagens, ruas. Impondo a presença física do mundo, o "tempo morto" esfria a emoção romanesca, evita o acidental anedótico, promove o essencial registro da presença do homem no mundo, destituído de relação dramática. Da filosofia à fenomenologia, passando pela física moderna, a consciência do espaço-tempo (diegético significa: do enredo do filme) conduz à visão relativa do conflito, identificando uma vocação neo-barroca do cinema moderno. Desdramatização nasce a partir desse axioma: "Viver a vida", de Jean-Luc Godard, é obra clássica a respeito que melhor o consubstanciou na tela.

Sumariamente, "Viver a vida" é um documentário sobre Anna Karina a partir da anedota (evidentemente não levada a sério) da mulher que apela à prostituição para sobreviver. Godard evita qualquer relação moral-psicológica para caracterizar o clichê e recorre a um arsenal de efeitos "ingênuos", típicos do cinema mudo: câmera constantemente fixa, longa duração dos planos, letreiros antes das sequências anunciam o que irá acontecer, tudo impede a possibilidade do espectador se identificar com a tragédia de Anna. Também o humor de Godard rompe com a identificação do cinema clássico. O espectador é obrigado a ver e viver a (sua) vida.

Por uma questão de estoicismo, Godard emprega os atores para obter tal recuo crítico. Sem julgar para não ser julgado...

A concepção em estilo fotonovela do personagem central é voluntariamente teatral, destoante dos outros, mas assegura ao filme uma dimensão crítica quanto à questão inquietante do ator: Godard sacrifica a verdade do ator à verdade do filme, sinônimo de lucidez ontológica. Idem em "Viagem ao fim do mundo", de Fernando Campos.

Em "O desafio", Paulo César Saraceni mostrou-se influenciado por Brecht, embora não sacrifique nem um pouco da verdade do ator e sem o brilho daquele grande filme praticamente ignorado pelo cinema oficial, novo-rico ou não. Segue a linha desdramatizada do cinema-verdade e da televisão: Saraceni faz cinema de perguntas e respostas, cinema-conversa-bate-papo-de-botequim cuja "ação" se resume a longas discussões sem 'suspense' e caminhadas sem destino. Sua mise-en-scène concentra-se no ator e é a partir do ator que o diretor concebe o social. Ele é o único tema — a matéria cinematográfica — em torno do qual surgem os conflitos, as ideias, a política.

Se os atores são sofríveis, a mise-en-scène moderna não vive da beleza ou da qualidade dos atores (em representar, isto é, falsear e simular), mas simplesmente da presença do homem (diante da câmera) no mundo.

Câmera clínica: no mundo atual, na civilização da imagem solicitados somos pelo visual: a poesia concreta, a tipografia, a publicidade e história em quadrinhos que apresenta cada vez mais a exigência da rapidez, exposição direta e imediata. Aproximamo-nos do "culto da imagem, a minha grande, a minha única, a minha primitiva paixão" (Rimbaud).

No cinema, como no romance contemporâneo, a visão, o olhar é a forma de captação direta do real. Ao contrário do que parece, não é fácil despojar. A reintegração dos seres e objetos na dimensão ocular — isto é, cinematográfica e concreta do cinema, arte da imagem — surge até no título do filme de Godard, dito pela heroína no final, na cama: "non, je suis pás infamme... oui; je suis une femme" ("Uma mulher é uma mulher — Une femme est une femme", 1961, God-art...).

Diversos filmes tentaram, depois de "Cidadão Kane", tratar narrativamente a falibilidade — não só da justiça — mas também do cinema contemporâneo. Como Welles, recorrem a depoimentos contraditórios sobre uma mesma incógnita (complô em "Assassinos", estupro em "Rashomon", Ava Gardner em "Condessa Descalça").

O método foi atualizado por Francesco Rosi em 1961: "Bandido Giuliano" é um flashback em cadeia, mas não se trata de recordação subjetiva. A psicologia não comanda nada. Não há saudosismo nem efeito dramático na volta ao passado. Este surge como documento bruto, fora de ordem e imparcial. Recorrendo ao documentário, evita qualquer vertigem ou fascinação romântica, sem tomar partido por este ou aquele personagem, sem cair na comparação cômoda de uma situação com outra...

"Salvatore Giuliano" não chega mastigado na tela, pronto para o público engolir. Rosi atualiza Eisenstein, exigindo a participação do espectador na projeção do filme aberto: é preciso organizar mentalmente a sequência para extrair uma moral superior.

Violentamente, "Pierrot le fou" (1965, God-art) substitui o determinismo típico do cinema tradicional pelas novas noções de probabilismo. Tudo é provisório. A incessante improvisação da vida e do cinema, por parte dos personagens, combina-se com o desejo do autor: o filme aberto, contemporâneo, relativo, não foi feito para eternizar-se; é um objeto incompleto, móvel e provisório.

Sua câmera retém somente o essencial (as aparências) e rompe com qualquer referência ao falso mistério e à sugestão ilusória do inexistente coração romântico dos objetos. Eis uma empresa arriscada e uma tarefa difícil: esvaziar o heroísmo dos personagens, de psicologia, de sociologia ou de qualquer abstração. Resta a pura visão que é o que realmente interessa: os personagens de "Hatari" (Howard Hawks, 1962) e grande parte do cinema moderno são heróis vazios.

UM FILME É UM FILME

Sartre: "A arte vem das aparências."

Os diretores modernos não se preocupam com a essência do real mas com a sua existência. Chegam ao universo sólido e imediato das coisas que estão no mundo antes de significarem alguma coisa.

Antes de se ocupar com a dúvida de almas sem Deus, o realizador, especialmente se for brasileiro, reflete sobre o terror, a miséria, o subdesenvolvimento. Esta política também se refere ao tratamento dos seres e objetos.

No cinema, existência quer dizer: aparência.

O novo cinema opõe-se às relações adjetivantes entre o homem e as coisas, entre ator e cenário. O segundo não qualifica o primeiro (Malle) e — menos ainda — o contrário (Resnais).

Se as obras de Visconti, Pasolini ou Zurlini baseiam-se nessas relações analógicas, o cinema de Francesco Rosi, Godard ou Hawks parte da descrição ótica, que mede, delimita e situa concretamente as coisas no mundo.

Nega-lhe qualquer qualidade visceral ou metafórica, porque respeitam o real e seu modo de ser.

Os atos são destituídos de precedentes, explicações, conclusões psicológicas, morais ou sociológicas.

Cada ato é único e existe por si mesmo.

Um filme é um filme assim como Gertrude Stein certa vez referiu-se (na citação famosa): "uma rosa é uma rosa é uma rosa"...

As coisas surgem na tela sem serem precedidas de juízos ou apriorismos estetizantes. Aí estão; elas agem — e é o espectador quem vai concluir sobre tudo (a sociedade burguesa, os conflitos de classe, a política). O cinema de Kobayashi (não Akira — de "Harakiri", mas Tsuneo) e Rosi adianta-se, assim ao de Rosselini e Godard e tendem a um distanciamento total mas não se desligam de um sentimentalismo cúmplice com a realidade (Rosselini) ou de certa simpatia com personagens autobiográficos (Godard).

De qualquer maneira, a maioria dos realizadores, principalmente italianos, recorrem ao distanciamento brechtiano no tratamento do personagem, desmistificando o herói clássico: Kaneto Shindo, "Drama de um sobrevivente", Visconti, "O Leopardo", Elio Petri: "O Assassino".

Interiorizam o comportamento mas observam o homem de longe, podendo desmistificá-lo e acabar com todo romantismo (no tratamento de personagens).

O anti-heroi, típico do pós-guerra e da guerra-fria em diante, é o herói ideologicamente nu diante da câmera, e este cinema é, antes de mais nada, o cinema da derrubada de mitos.

Dramatizando ou adjetivando, o diretor do passado procurava destruir toda resistência do espectador diante do mundo onírico que apresentava. Impunha uma relação hipnótica através do enfeite e da falsificação da realidade, porque não lhe interessava a realidade mas a imagem da realidade (esta tendência ilusionista retornou, com resultados catastróficos, em fitas e telefitas da década de 1970, sendo a principal causa da decadência mundial da sétima arte na sétima década do século do progresso...)

A moderna mise-en-scène institui o recuo crítico, procurando situar o espectador no seu devido lugar, resguardando sua liberdade para aceitar ou recusar as ideias do autor (pois que na arte relativista ninguém é... perfeito, nem há lugar para arbítrio moral-psicológico-sociológico ou para a ditadura da ilusão disfarçada de real.) Através de cenas longas, misturando estilos e recursos teatrais, os diretores lembram ao espectador que ele não passa de espectador de um sonho verdadeiro (somente) a vinte e quatro quadros por segundo ("Contos da Lua Vaga" de Mizoguchi, "O Processo" de Welles, "Bang Bang" de Tonacci).

Tal recuo desenvolveu-se com a nova decoupagem (cenarização ou roteiro, forma de apresentar o conflito), segundo o grande crítico André Bazin, estabelecida por Orson Welles através de dois recursos fundamentais (em suas mãos viram sinônimos de duração concreta): a cena longa e a profundidade de campo (instituindo uma nova perspectiva).

O criador de "Citizen Kane" muito influenciou a geração norte-americana de após-guerra (Losey, Nicholas Ray, Ray Enright, Fuller, Preminger, Stanley Kubrick), a "nouvelle vague" francesa e todas as outras da década de 1960 em diante, inclusive e sobretudo o novo cinema no Brasil — todo um cinema baseado na recusa da montagem clássica, no amor pela cena longa (o que supõe liberação de ator, personagem, diálogo, música, câmara e microfone).

"Citizen Kane" — "filme que resume todos e antecipa todos os outros", na boa definição de F. Truffaut, foi feito para acabar com todos os outros. Welles abre as perspectivas do cinema moderno, fechando definitivamente o período mudo do cinema e do clássico sonoro que, lá por 1935, segundo alguns críticos, alcançou seu apogeu.

Estão lá, na fita de 1941, todas virtudes e vícios do cinema contemporâneo: o excesso de diálogos, a câmara subjetiva, a multiplicação de pontos de vista, flashbacks em cadeia, plano-sequência e plano-flash, montagem descontínua, ritmo variável, mistura de estilos, corte sonoro, abuso da lente grande-angular, complexidade dos personagens, o protótipo do "herói fechado", a confusão da história, inúmeros personagens anônimos, voz off e os tempos mortos, desdramatização pelo humor, os travellings e movimentos de câmara intermináveis, foto-fixa e presença de anúncios luminosos, displays, out-doors, cartazes e efeitos tipográficos, cine-jornal e falso-documentário, o filme dentro do filme com a reflexão sobre o cinema, que nos leva a indagar: "Citizen Kane": começo e fim do cinema moderno? — Sim, simplesmente porque, antes do neo-realismo e mais que todo cinema moderno, Welles sabe que um filme é um filme e nada mais...

PAPEL DO ATOR

Roberto Rosselini dizia que é necessário aproximarmo-nos dos homens, objetivamente, com respeito. Também Francesco, Godard, Straub preocupam-se com a verdade do ator. Mas para chegar a ela é preciso passar pelo mistério do ator (Losey, Dwan, Resnais, Bergman).

O verdadeiro cineasta, sobretudo hoje, não é o perfeito diretor de elenco: não busca interpretações exatas, mas o dinamismo físico entre intérpretes, objetos e o objeto-núcleo, a câmera cínica. Esta é principalmente a genialidade de Howard Hawks ("Scarface, "Somente os anjos têm asas", "Rio Bravo"), onde todo o trabalho de mise-en-scène consiste em seguir três ou quatro personagens, não abandoná-los, observá--los em trajetos complexos. "O corpo, para quem sabe ver e viver, é o local de toda revelação"; observa o autor de "Une revolution du régard", Allain Jueffroy.

Mais que em Griffith, King Vidor, John Ford— que muito valorizam o cenário (décor) — Murnau, Walsh, Lang, Welles e toda moderna mise-en-scène fundamenta-se no ator, único conteúdo possível: o homem e suas aventuras vitais. Ou melhor, ainda, o conteúdo é o próprio ator, sua presença diante da câmera (Godard).

Joseph Losey vai mais adiante. Como em Fritz Lang, seus intérpretes não fogem de situações (conceito eminentemente literário), mas do décor, causa e efeito do conflito. Um pouco como em Fuller, e muito em cineastas modernos por excelência, como King Vidor, Kubrick, Godard, Straub: a ação está perfeitamente inscrita em espaços e não há nenhuma outra ação. Mas a absoluta predominância do cenário ainda fica com Hawks, o principal herdeiro de Griffith: em "Hatari" ele despreza personagem, intriga, para, mais do que Lang em "Tigre de Bengala", deixar os atores numa absoluta transparência: é o império do "décor".

Está mais do que superado o ideal viscontiano do ator, do "material humano com o qual criam-se novos homens e uma nova realidade". No fundo, trata-se da mesma orientação da velha escola formalista americana, que praticamente substituía o ator, o homem, pelos recursos técnicos (iluminação, ângulo, montagem, cor), desenvolvida a partir do cinema sonoro, quando os técnicos driblavam as deficiências dos intérpretes através da multiplicação de cenas, cobrindo-os com efeitos.

Para Hitchcock, "o melhor ator é o que melhor sabe não fazer nada". Eisenstein também impunha uma interpretação de fora para dentro (na sala de montagem); o criador de "Potemkim" nunca considerava o ator como um ser humano. Esta flagrante anti-modernidade estende-se a Antonioni, Cacoyannis, Chabrol, pois não lhes interessa a verdade do ator, mas os personagens e suas relações anedóticas.

O filme moderno não tenta explicar e definir o interior do personagem. Recusa os métodos artificiais do passado; psicanálise, psicologia, intimismo esquemático, toda análise clínica. Quem mais ou menos introduziu no cinema o protótipo do herói fechado foi e continua sendo "Cidadão Kane", que no leito de morte pronuncia a palavra inexplicável "Rosebud" (botão de rosa?); um repórter tenta desvendar o mistério e alcança somente aspectos parciais e contraditórios da personalidade de Charles Foster Kane. A crise interior está ligada à palavra do personagem (ou mantra? No Oriente dir-se-ia "lótus-bud"...). Kane sofre crises profundas e insondáveis, que o filme não define: sabe-se de sua existência, mas não de sua essência.

Segundo o cinema moderno, não é possível conhecer todo o interior de um personagem. Diante do herói fechado, o máximo que se pode fazer é olhá-lo. O que acontece são ligeiras erupções de facetas e temas que o autor não impõe, não diz nada, insinua. Em "Acossado", destaca-se o tema do suicídio de Michel, mas as causas não são dadas, apenas os efeitos. Samuel Fuller apenas sugere homossexualismo entre o chefe dos bandidos e o policial de "Casa de Bambu". Por que Eva humilha tanto Stanley Baker no filme de Joseph Losey?

John Cassavetes diferenciou o cinema moderno e o tradicional dizendo que "aquele emana dos personagens enquanto neste os personagens provêm do enredo". A matéria-prima do filme moderno é o ator. Daí a predominância atual do close-up, de cenas longas e diálogo abundante, além do interesse pelos gestos fundamentais: andar e falar e se possível amar.

Como no cinema mudo, autores como Welles, Losey, Rosselini, De Sica não hesitam em construir filme e personagem em função de intérprete. O moderno jogo de interpretação interiorizada, de Bogart à Belmondo, passando por James Dean, adapta-se à própria estrutura do filme à personalidade do ator. Godard declarou que "Acossado" nada mais é do que "um documentário sobre Jean Paul Belmondo".

Herói: homem representado e homem representando. É nesta dialética entre o artificial (personagem) e o real (ator) que se processa a moderna ficção. Com autonomia para criar, corrigir, montar um personagem durante o ato de filmagem. Talvez pensando no intérprete livre do futuro que um crítico se referiu aos "homens que andam pela cidade sem outro espetáculo que o do horizonte, sem outro poder que o de seus olhos" ("O homem dos olhos de raio-X", de Roger Corman).

A câmera e o personagem são elementos autônomos e até adversos (conforme certas sequências de "Kane"). Ela não obedece postulados dramáticos, não age em função da psicologia, moral ou sociologia. Sabe-se que em Samuel Fuller, ela reage; adota um "comportamento" oposto ao da ação dramática; se normalmente um aumento de tensão exige um close (geralmente constitui descrição psicológica), a câmera clínica orienta-se para um novo ponto de vista oposto: o plano médio, uma indiferente visão à distância do conflito.

No cinema tradicional, ela é um instrumento de análise, um bisturi, "um lápis na mão do cineasta" (Murnau) ou uma "câmera-caneta" como queria Alexandre Astruc, enquanto no moderno constitui um elemento autônomo de captação e discussão da realidade (Welles a liberou com o microfone). Neste sentido a autonomia da câmera provoca uma reação em cadeia; tal como se deu com a música e o diálogo, a individualização da câmera verifica-se com o respeito físico do décor, mobilidade, profundidade — síntese do real e não sua decomposição analítica como no cinema clássico de 1930 a 40 — e constitui por assim dizer uma "volta a Lumiére".

DIVISIBILIDADE

Se o filme clássico pretende ser um todo indivisível e irreversível, o filme moderno, pelo contrário, baseia-se nas noções de divisibilidade da arte contemporânea. A atual estrutura cinematográfica é fragmentária, incompleta, barroca — fundamentando-se na independência e autonomia de seus elementos.

Como no cinema mudo e seriado, os filmes são divididos em partes distintas. "La Dolce Vita", um marco comercial do início dos anos 1960, é deliberadamente separada em quatorze sequências independentes.

Ainda mais do que em "Acossado", "O desprezo" de Godard compõe-se de quinze sequências que formam um todo mas que podem existir separadamente. A ação de "Viver a vida" e "Tempos de guerra" é dividida e comentada por intertítulos. "Tom Jones" também segue a tradição dos romances de aventura afins. "O bandido Giuliano": a Sicília de 1946, 48, 51, 61. A narrativa fragmentária é adotada no mundo inteiro, sendo hoje até lugar comum na televisão.

Os filmes tendem a ser uma sucessão de quadros independentes e momentos privilegiados sobre alguns personagens em um importante trecho de sua existência. Por isso mesmo, chamaram certas obras do cinema atual de "filme de Sketches".

A integração de estilos diferentes num só filme se opõe ao antigo conceito do estilo irreversível e totalitário. Um filme moderno, de certa maneira, pode ser uma reunião de curtas-metragens diferentes; livre montagem de momentos de euforia e momentos de depressão numa forma que vai do tímido ao revolucionário: "Pierrot le fou", "Lola", "Dr. Fantástico", "Deus e diabo na terra do sol", "Viagem ao fim do mundo". Observa-se uma ruptura da lógica dramática do tratamento de câmera à montagem por atração, ou, como no último caso, da montagem sem montagem, isto é, feita "dentro da câmera".

Em 1954, François Truffaut, então discípulo de André Bazin, definia perfeitamente o filme tradicional: "Toda história compreende os personagens A, B, C, D. No interior desta incógnita, tudo se organiza segundo critérios conhecidos exclusivamente por eles. As entregas amorosas acontecem segundo uma simetria bem concentrada (...) Quando A faz alguma coisa, certamente teremos uma reação equivalente de B: geralmente por causa de C — uma mulher por exemplo. Assim em noventa minutos a equação se estabelece, se conflitua e se conclui".

O Cinema Moderno recusa todo desenvolvimento lógico da narrativa: a organização de elementos combinados, dependentes, integrados pela conclusão final e através da qual desenvolvem-se outras personagens gradualmente reveladas em toda sua complexidade, através de frases narrativas; jogo de ação/reação entre os personagens.

Um filme moderno provavelmente exigiria ainda o E, F, G e talvez o H e o I. E o acúmulo, como no cinema mudo, de personagens. As pessoas estão aí, dispersas, vivendo sua vida. Não obedecem nenhuma vontade superior ou rigor dos roteiristas. Por isto, um filme pode iniciar-se com o conflito já desenvolvido ("Eclipse") ou terminar sem concluí-lo ("Bandido Giuliano"), ou ainda as duas coisas ao mesmo tempo ("Terra em transe", "Viver a vida", "Porto das Caixas").

No cinema moderno a montagem (por atração ou vertical, segundo Eiseinstein) tem função francamente negativa: eliminar uma realidade (copião) abundante demais, buscando uma articulação funcional da sonância, dissonância, consonância.

Não exagerou quem definiu o cinema moderno como um "realismo espacial". O cinema moderno vive das aparências do mundo, da participação das condições de filmagem, integrando o acaso. O cinema moderno dirige-se a um realismo inesperado, tão pacientemente inventariado por André Bazin, que conjuga neo-barroquismo com pop-art, cinema verdade com o inconsciente coletivo ("Pierrot le fou", "De mão no bolso", "Pugni in Tasca", "Sem essa, Aranha"). Hoje, não se constroem filmes na sala de montagem, como insistiam Hitchcock e Truffaut.

Pode-se dizer que o cinema tornou-se moderno, se transformou verdadeiramente com a conquista do plano-sequência, isto é, com a profundidade de campo (de imagem e som) e a cena longa, todo um processo fundado na recusa da montagem clássica.

Convencionou-se, então, uma esquemática oposição entre cinema de câmera e aquele cinema de montagem. Ela parece conter a diferença (segundo André Bazin) entre os cineastas que acreditam na imagem e os que acreditam na realidade (os últimos são os primeiros clássicos do cinema moderno), ,os que buscam o ângulo, o corte, o efeito, e por outro lado os que apreendem o real tal como é — concordando com Godard: "O cinema é a verdade vinte e quatro quadros por segundo".

Entre eles, Luis Buñuel: "Ponho em meus filmes o que tenho vontade de pôr. Exijo do cinema que seja um testemunho, um relatório sobre o mundo, em que se registre tudo o que é importante do real".

Já disse Louis Lumière: "O cinema é uma arte sem futuro".

PERSISTÊNCIA DA RETINA

Portanto — e isso precisa ficar bem claro — a preocupação do cineasta moderno não é fornecer mensagens, mas revelar alguma coisa. Não se trata de impor, através de truques, o que ele já tinha na cabeça, mas de tentar descobrir o mundo com a câmera, revelá-lo durante o ato de filmagem. Flagrar as coisas como elas são. Os verdadeiros cineastas, dos quais depende o futuro do cinema, não tem visões. Não elaboram ou expressam seus mundos exclusivos. Arriscam-se a ver as coisas como elas são, de frente: olham, captam, filmam coisas em contínua evolução e na terceira pessoa do presente do indicativo — correndo risco. E pensam diretamente em ângulos, panorâmicas, plano-sequências. Esta é também a política de Griffith, Stroheim, Hawks, Lang, Walsh, Welles, Losey, Allan Dwan, Murnau, Mizoguchi, Tomu Uchida, Godard. Para eles, como para um cinegrafista de atualidade, a revelação pode surgir de um minuto para outro, pois a verdade não tem hora. Importante é o sentido de risco e sua iminência.

Para alguns realizadores a verdade do cinema nasce com o ator — com sua presença diante da câmera: seja a ilusão do espetáculo (Lang), a inteira verdade do ator (Godard), o mistério do ator (Losey). Ator é matéria cinematográfica, mas isso não se trata, veja-se bem, de uma volta ao intimismo estrelista ou ao macaquismo de auditório do passado.

Há os que buscam o momento especial, o instante privilegiado da liberdade ou ascese através da câmera (como Welles em "Cidadão Kane") ou da literatura (conforme Fellini) ou do personagem — típico do cinema romanesco de Antonioni (toda sua mise-en-scène dirige-se à revelação da fragilidade dos sentimento), Bergman (a engrenagem de "Noite de circo" conduz à humilhação total do empresário), Visconti ("O leopardo" também é uma pomposa e eloquente cerimônia que materializa a consciência de um nobre, com seus desejos impossíveis e a antevisão da decadência).

Novamente o homem e sua câmera deve se portar como uma sentinela alerta a 24 fotogramas por segundo, atenta 24 horas por dia, sem separar a realidade e a imaginação, o mundo e a arte, a vida e o cinema. O cinema é uma arte anacrônica, daí sua modernidade.

O filme é feito da ação de uma emulsão, objetiva e obturador para captar (registrar e reviver) ao decompor — e falsear o movimento com o tempo falseando — partindo da ilusão como princípio principal (ponto de partida e de chegada, avançados); porque se baseia no princípio físico da persistência da retina, que é a impressão de realidade ou ilusão de movimento que o olho sofre em "movimento" de registros inanimados de seres objetos, aparentemente "móveis", mentira erigida como ciência (a reprodução do movimento é a própria "mentira") e a arte — que como o pensamento é e conduz ao mistério; ou ao supremo. Cinema, "arte da ilusão", baseia-se no falso. Devido à ilusão mesma da visão humana, nasceu a câmera e antecessores do cinema, arte temporal pois a matéria-prima da câmera é o tempo, e no cinema a duração. Baseia-se no falso, nada mais — como a vida mesma — na ilusão, matéria, nada mais.

Nesse universo em representação, a arte ocorre a seu duplo e o autor em busca do "outro". O que é o duplo e o outro?

Não existe duração contínua, estável e linear como se oferece a tela; o movimento não é apreendido, mas decomposto: a câmera de filmagem é semelhante a uma câmera de fotografar, nada mais é do que uma câmera fotográfica em movimento constante. As imagens separadas são projetadas como (se fosse) uma coisa só graças a um mecanismo de relojoaria. O instante não é captado mas secionado, dividido, falseado, pois o princípio ocular da persistência da retina — como o pensamento — tende a associar movimentos separados no tempo, confundindo ilusoriamente por uma "ilusão da mente". Da associação (projeção, relação) à ilusão, há um passo. Aparência ilusória.

Mais do que ninguém, em Godard todos são livres: autor, ator(es) e espectador(es). Valorizando a aparência das coisas, rompe com a convenção e a tradição do artista que procura a essência do mundo através de recursos espúrios de associação; simplesmente não trai nem submete as aparências a apriorismos estetizantes, obrigando-as (através de símbolos e acúmulos literários) a dizer aquilo que não podem dizer. Um objeto não diz isto nem aquilo; diz-se a si próprio; ele é. Em 1951, Jean Luc Godard observava que o "verdadeiro cinema consiste somente em colocar coisas diante da câmera". Adotando a política do cinema mudo, os realizadores contemporâneos recusam a comparação daquilo que as coisas são com aquilo que deveria ser. Henry Agel: "Uma imagem é uma imagem. Uma descrição visual permanece sendo uma descrição... A imagem esconde uma opacidade, que impede o espectador de ir mais adiante do que vê."

Assim, nesse cinema, desde que o mundo é mundo, "uma mentira é uma mentira" (Mizoguchi), "um policial é um policial" (Fuller), "uma árvore é uma árvore" (King Vidor), "um prato é um prato, uma mensagem é uma mensagem, os homens são os homens e a vida... é a vida" (Godard), o mundo é o mundo e o cinema é... cinema. Que tende ao cinema-verdade, à documentação progressivamente mais bruta e mais sóbria da realidade.

As aparências são o material fundamental; sabemos que elas são enganosas; daí o drama de "Agora ou nunca" (de Michel Deville), "Pierrot le fou" e "Dama de Shangai", onde seres enganam-se, erram, mentem e finalmente sofrem — porque vivem sua vida à base de ilusões — isto é, ainda não imersos e/ou submersos no princípio uno, e para onde vai esse cinema, valendo-se de uma técnica de respeito e/ou desrespeito pela duração física do real — seja o plano-sequência, o som direto e a profundidade de campo.

Filmes desenvolvem-se em eterno presente, que é o tempo da consciência (do espetáculo cinematográfico). Por isso, nada nos emociona; o tratamento, a duração e a pontuação constantemente lembram-nos que tudo não passa de um filme. A "mensagem" é essa: situar o espectador, consequentemente o ator e o autor, no seu lugar, consciente de sua condição.

Além de filosofar sobre arte, público e liberdade, Godard e o cinema moderno faz filosofia assim em torno de seu método — a câmera cínica.

Seres do cinema moderno agem, sofrem, vivem teatralmente. Num certo momento de "Uma mulher é uma mulher", de Godard, se diz que "nas comédias, como nas tragédias, no fim do terceiro ato a heroína hesita", e a heroína... hesita. O ator-personagem de Godard tenta não se transformar em objeto; é um ser livre que precisa improvisar uma moral ou uma política para preservar sua liberdade. Pode ser cinismo, imitação ou referência filmológica (nostalgia pelo silencioso reflete-se na conversa do filósofo de "Viver a vida": "Falar é inútil, seria agradável vivermos sem falar" — Ça serait beau: Seulement, c'est pas possible). É uma solução provisória e instantânea, do momento presente. Nota-se que o distanciamento não é só problema do autor mas dos personagens, que afirmam sua liberdade através do universo de representação teatral, exprimindo a consciência do trabalho, de que estão participando de um filme e nada mais: eis um distanciamento dentro do distanciamento.

CINEASTAS DA ALMA

Nunca se deixou de dizer que o cinema está em crise, mesmo antes que tivesse importância industrial, isto é, desde o começo do século. Mas as insistências confundem e saturam.

Pessoalmente, considero que o cinema contemporâneo não vive uma crise, mas um impasse. Os realizadores de maneira global alternam-se e se debatem entre duas tendências, geralmente confundidas (confusões expressas em afirmações tipo: "Antonioni e Resnais estão num beco sem saída"; "os bons cineastas estão comercializados"; "o cinema japonês deixou de ser bom", ou então, "o cinema moderno é um mito, pois já existia no passado", etc. etc.). Refiro-me especificamente às contingências entre as quais o artista tem que optar, diante das expressões mais simples e irredutíveis da existência humana, como objeto de suas explorações. Na sétima arte, tal dilema pode ser expresso por duas tendências: os cineastas da alma e os cineastas do corpo — a serem tratados no próximo capítulo.

Os cineastas da alma. Ou o cinema que pensa. Ou, ainda, que procura pensar. Justamente aquele proclamado como "adulto" e que "leva o cinema à verdadeira condição de sétima arte". A lista é interminável, mas lembro-me principalmente de Antonioni, Fellini, Robert Bresson, Bergman, Visconti, Resnais.

Usam eles de argumentos sempre semelhantes: "preocupo-me com os conflitos interiores do homem, não me interessam os exteriores. Acredito que o seu drama está na consciência...". Bresson diz que "o cinema é movimento interior", enquanto Fellini considera-o a "arte em que o homem se reconhece da maneira mais imediata: um espelho no qual deveríamos ter a coragem de descobrir nossa alma". Tais argumentos situam e aproximam entre si estes realizadores, e, ao contrário do que possa parecer, não primam pela originalidade.

Prolongar e exteriorizar os conflitos internos através dos movimentos e repousos do corpo, como pretendem fazer, não seria uma alternativa discutível e contraditória, pelo menos no cinema, arte material e também conhecida como "arte das aparências"? Já se conhecem os resultados: a busca frenética de revelações interiores pode levar ao tratamento servil do corpo, não componente real mas instrumento de uma "alma" romanesca, provavelmente falsa, em geral imposta pelo dialogador.

Também não se pode deixar de considerar racionalistas tais cineastas; as películas especulam, explicam e calculam os dramas e perturbações das pessoas. E, é claro, são admiradas e cultuadas pelos iniciantes no assunto, por toda uma escala de intelectuais e certos frequentadores de cinemateca que preferem receber mensagens...

A pedra de toque deste cinema é a "profundidade", dos temas e situações propostos. Sobre ela, vale a pena transcrever um trecho de Alain Robbe-Grillet, lembrando as íntimas relações do cinema moderno com o nouveau-roman: "sabe-se que toda a literatura romanesca repousa nos velhos mitos da 'profundidade', unicamente sobre eles. O papel do escritor tradicionalmente consistia em cavar a Natureza, aprofundar-se, atingir camadas cada vez mais íntimas e acabar por trazer à tona alguma migalha de um segredo perturbador. Descendo ao abismo das paixões humanas, ele enviava ao mundo tranquilo em aparência (aquele das superfícies) mensagens de vitória, descrevendo os mistérios que havia tocado com o dedo".

Exatamente como os romancistas tradicionais, os cineastas da alma relegam de maneira sistemática as aparências dos seres e objetos porque acreditam exclusivamente na alma humana e seus enigmas; não tanto a indagando e a questionando , mas a esquematizando em pensamentos originais. O que pode significar: fazer literatura em fitas ou ser simplesmente pretensioso. ("Os primos", "Dolce vita", "A fonte da virgem", "Profanação", "Os condenados de Altona").

A superfície é uma das condições implícitas e seu tratamento requer um certo distanciamento, uma certa humildade diante do real; de maneira alguma pode ser nulificada ou apresentada em função servil, causa de muitos fracassos.

Uma exclusiva preocupação pelo cinema da alma pode levar a resultados estéreis, a dramas abstratos. Estes dramas, cognominados de "profundos", são mais do que suspeitos: não é exatamente a câmera que penetra e revela o íntimo dos personagens, mas são alguns diálogos espúrios — com exceção dos cineastas japoneses — que pretendem "sondar e dissecar a alma humana", remetendo a temas invariáveis: a incomunicabilidade, superioridade da mulher sobre o homem, a alienação, o coração feminino, a procura da Verdade, o terror e a miséria das almas sem Deus.

As fitas não apresentam uma vivência existencial, mas literária; não há estados de alma sensíveis e reais, antes idealizações e os maneirismos contemporâneos (a incomunicabilidade, por exemplo, depois de meses de conversa fiada, conferências ou bate-papos, tornou-se mito e perda de tempo).

Enfim, estamos diante da mais autêntica e consagrada demagogia. Como acontece em todas as fitas de Federico Fellini, especialmente "Dolce vita" e "Oito e meio"; "Os primos" e "Quem matou Leda?" de Chabrol; "Morangos silvestres" e alguns aspectos demodés da filmografia de Bergman; Bresson e certa literatura católica; Wajda e uma mitologia guerreira; Mizoguchi e o universo imaterial, ainda que ágil e elegante, de "Contos da lua vaga"; "Duas almas em suplício (Moderato cantabile)", do inglês Peter Brook; a maior parte das fitas italianas e ainda Truffaut ("Os incompreendidos"). Também é necessário citar Leopoldo Torre Nilson, diretor argentino, em cujas realizações não há propriamente personagens reais, mas encarnações de ideias ou temas absolutos — e não se sabe se é sério ou não quando diz que o tema de "Homenaje a la hora de la sesta" é a procura da Verdade, naturalmente com V maiúsculo, por parte de todos os personagens.

Este cinema, que fala uma linguagem maniqueísta, própria de manuais e introduções à filosofia tradicional ("o personagem simboliza o homem diante do Bem e do Mal" ou entre "a Anarquia e o Terror", termos tão batidos pela crítica acadêmica), é antes um prolongamento do expressionismo do que uma criação livre e original. Não há ligações essenciais com o cinema moderno, que se dirige a um caminho oposto (a exploração do concreto), abraçando temas abstratos, valores absolutos (o Bem, o Mal, Deus, Tempo, Morte, Amor, Vida, tudo com inicial maiúscula) e literários.

A crítica acadêmica chama alguns cineastas do corpo (Godard, Fuller) de mistificadores, talvez sem perceber que os verdadeiros mistificadores podem chamar-se Mauro Bolognini, Robert Bresson, Valerio Zurlini, Peter Brook.

Eles acreditam ser "os filósofos da tela" — o que justifica tudo, inclusive os diálogos de Marguerite Duras em "Moderato cantabile", as frases bonitas e o jogo de locuções. É muito fácil gostar das fitas, adotando sempre a palavrinha mágica: o filme é "profundo". Ou então "humano".

Não são muitas as películas que, "tentando explorar os caminhos interiores da alma humana", deixaram de ser literatura filmada; e esta literatura nem sempre é das melhores.

O fato de um filme ter ligações com movimentos literários ou apresentar elementos afins, não constitui, a meu ver, defeito ou deformidade. Basta dizer que a maioria dos novos recursos narrativos provém, direta ou indiretamente, de conquistas formais do romance. Mas as influências devem entrosar-se e integrar uma obra de arte, longe de alterá-la ou bitolá-la.

Em diversas realizações dos cineastas da alma tal influência determinou uma transformação fundamental na composição do filme: as estruturas mudam e tornam-se híbridas aproximações de estruturas literárias. O que também acontece na simbologia literária (de um Cocteau ou Fellini, por exemplo) e com o ritmo (lento, na maioria das vezes sem um motivo aparente, como em muitas fitas italianas).

O cinema se concentra em sutilezas descritivas — próprias do romance clássico — e adquire uma função proeminentemente analítica. Torna-se, então, mais um instrumento exclusivo de dissecação psicológica do que uma criação espontânea, sem fins ou predestinações específicas.

É claro que as apreensivas atenções pelo universo interior dos personagens podem alcançar resultados transcendentais, como em muitas fitas antigas, geralmente desprezadas e esquecidas na época de sua realização, que ainda hoje surpreendem os críticos e cinéfilos da nova geração. Muitos diretores, realizando melodramas, western classe B ou filmes de segunda classe, instintivamente ofereciam construções intimistas paralelamente à narração (Ray Enright, Rubem Mamoulian, Douglas Sirk, Charles Vidor, Clarence Brown e J. Stahl, entre os mais famosos). Há que citar Bergman, William Wyler, Sternberg etc., os "pré-cineastas da alma".

No cinema contemporâneo há duas grandes exceções em relação a um generalizado conformismo literário, próprio dos cineastas da alma e seus neo-decadentismo. São Michelangelo Antonioni e Alain Resnais. Aquele, mesmo lidando com os melodramas peninsulares, consegue realizar um cinema superior; o autor de "Marienbad", apesar de condicionado a textos redundantes em todos seus filmes e até nas curta-metragens, não se limita a condições servis ou mistificadoras. Enfim, "Aventura" é uma obra definitiva e "Ano passado em Marienbad", um filme absoluto.

Neles, as indagações psicológicas e modismos em geral são pontos de partida para o exercício cinematográfico: um movimento de câmera, um leitmotiv musical, pode contrariar e contradizer uma "verdade" pronunciada por um personagem inteligente. A alma e os sentimentos não são o princípio enfim de tudo, inclusive da sétima arte: são um dos aspectos da existência, do mundo, do homem, do cinema.

CINEASTAS DO CORPO

"O cinema tem alma?", indaga o crítico francês Henri Agel no livro assim intitulado. — Não, o cinema não tem alma; pelo menos o cinema de Howard Hawks, de Samuel Fuller, de Losey antes de "Eva", talvez de Godard e de outros de certa tradição norte-americana, sobretudo Raoul Walsh. Chamá-los-ei de "cineastas do corpo", em oposição às pretensões dos "cineastas da alma".

É uma tendência desconexa e absolutamente incompreendida. Há casos individuais de cineastas que, filmando os gêneros mais diversos (do western à comédia), propõem uma valorização das estruturas orgânicas dos personagens e das coisas, sem submetê-los à "expressão" de uma ideia de profundidade especial; são filmes em que não há uma estrutura lógica e intelectual mas duas constantes fundamentais: apreensão direta dos corpos em conflito. A violência.

A violência assume uma importância incomum; ela interessa não só no plano narrativo mas no dramático, como em Lang. Surge em grande parte das criações artísticas atuais, talvez por exigir tratamentos anti-metafóricas, pelo menos em muitas películas.

Losey usa-a de maneira a apreender caracteres sado-masoquistas dos personagens, conduzindo-a a um histerismo hiperdramático. Hawks é o especialista em Hollwood; não se pode esquecer Walsh e Fuller, com o que não preciso dizer mais nada.

Os conflitos são exteriores. Por isso, apreensíveis com a pura visibilidade cinematográfica. O corpo é um elemento em conflito: há a captação e não sua "expressão", como tradicionalmente acontece. Estamos diante de um cinema sensorial, de um cinema físico.

Os personagens lutam entre si, corpo-a-corpo, e os filmes podem basear-se em outras relações: objeto--corpo, objeto-objeto (há a inclusão dos níveis animal, vegetal e mineral no nível humano). Hawks, Godard, Fuller são anti-humanistas; cineastas materialistas preocupados (mas não muito) com a destruição do homem pelos agentes externos, os meios criados pela nossa civilização (o avião; o automóvel; a metralhadora; o cinema, responsável pela morte dos personagens de Godard). O conflito resultante da oposição entre estes elementos resulta inevitavelmente na destruição de um deles: o homem ou o objeto, a máquina ou o animal, etc. Sob este sentido, "Acossado", "Casa de bambu", "Scarface" são tragédias físicas.

Isolados, estes elementos não portam nenhuma carga dramática; a relação comum e causa dos conflitos opositores é o movimento.

Se, nas tragédias físicas, a violência dirige-se irremediavelmente à destruição, o movimento converge a outro tema, à velocidade. Pode-se mencioná-los como os pontos cardeais de um cinema físico.

"Armadilha a sangue frio", filme inglês dirigido por Losey em 1960, e "Scarface" são filmes compulsivos, essencialmente baseados no eterno movimento, contínuo, ilimitado e auto-destrutivo dos seres e objetos. Em Howard Hawks, a velocidade pode ser qualificada de automobilística; idem em Godard, em cujos filmes faz-se intenso uso de automóveis (como no cinema americano do passado, ocorria em muitos filmes seriados).

Critica-se o diretor de "Uma mulher é uma mulher" por movimentar as pessoas para que a câmera possa andar e dar demonstração de uma mobilidade imprevista, mas não se compreende ser justamente esta a sua condição: apreender o fluxo do tempo com a sucessão de espaço. E, acima de tudo, seus movimentos (de câmera, personagens e objetos) apresentam o que só os que possuem senso de cinema conseguem, a elegância. Muito diferente da elegância estilística de um literato ou teatrólogo, mas especificamente cinematográfica.

O movimento é um instinto que se opõe à segurança, plenamente encontradiça nas realizações dos cineastas da alma, que pretendem penetrar no íntimo das pessoas através de seu encarceramento num restrito universo espaço-temporal, em ritmo lento.

Os cineastas do corpo captam os exteriores dos seres e coisas, valorizam as superfícies. Aí está um dos elementos de sua modernidade.

Esta valorização alcança, consequentemente, o tempo presente (o filme "sente o tempo" e este precisa ser determinado). Justamente como na literatura, notadamente no romance, em que o autor se preocupa em apreender uma situação com uma ótica objetiva e exterior, no instante atual.

Nas fitas de Hawks ou Godard não há um drama, no sentido tradicional da expressão. Evitam o prolongamento do conflito no tempo, o drama com suas implicações de passado e presente na consciência dos personagens. (O que o cinema italiano, de maneira quase geral, ambiciona fazer e foi conseguido em "Os cafajestes"). Filmam as situações como faria um cinegrafista de jornais de atualidades: sem obedecer a um passado, sem preocupar-se com o futuro e as cenas seguintes, sem relacioná-las a uma estrutura temporal. Registram-nas displicentemente e obtêm uma fragmentação, a captação desordenada e de instantes livres, situados no presente. Trata-se do cinema, arte do presente e das aparências; próximo das atuais concepções de pop-art; de um cinema sem memória, em suma, de um cinema sem alma.

Tais autores são basicamente anti-literários; e o fato de Jean-Luc Godard transcrever longos trechos de Poe, seus personagens filosofarem ou citarem Faulkner e Leibnitz , não muda sua condição. Pois em essência propõe um universo que é o do cinema mesmo — mais do que propor, vive-o — os seres e objetos vistos de fora, através de um olho sensorial, a câmera.

Visão exterior é a visão anti-pretensiosa, é simplificação das situações, reduzidas às verdades fundamentais e cinematográficas, isto é, exteriores e evidentes. Não há possibilidade de enganos ou mistificações.

Os cineastas do corpo tratam histórias consagradas, usam o chavão (relação concreta entre personagens, ao contrário das relações sutis, difíceis e contraditórias de conseguir-se no cinema: então apela-se para a literatura, para os diálogos salvadores da questão). Há o chavão visto sob um ponto de vista anatômico (Godard), fisiológico (Fuller), hiper-sensorial (Losey) ou chavão propriamente dito (Hawks).

A história de "Eva" é eterna e imutável: o triangulo passional e o rebaixamento moral de um homem por causa de uma mulher sem escrúpulos; de "Viver a vida" é a de outra mulher que cai na prostituição devido a contingências monetárias; em "Hatari" há os inevitáveis atritos entre herói e heroína que culminam, é claro!, com a união; em "Acossado" um marginal mata um guarda, é perseguido até morrer. O chavão, último recurso de conservação de um universo cinematográfico ameaçado — condicionamentos, impurezas metafísicas, cartesianismos — não pode ser confundido com o lugar-comum, que não falta nas realizações dos cineastas da alma.

O cinema moderno vive do clássico e do silencioso; absorve-os, recorre a eles. E sua tradição mais eminente é o chavão cinematográfico, proveniente do desenvolvimento da sétima arte nos inícios do século XX: que fita define melhor a situação do que "Hatari", obra incompreendida e inadmitida pela maior parte de críticos e cinéfilos?

Chamam de "sensacionalistas" os argumentos de Fuller, porque estão baseados nestas aplicações: é o chavão que não se realiza (e evidentemente choca o espectador). O choque é maior ainda quando, depois desta impressão, ele finalmente se constrói como em "Paixões que alucinam".

Os cineastas do corpo tem, como única revelação, o corpo, evidentemente. Godard em suas últimas obras parece afastar-se desta linha e partir para novas revelações: a mulher e o cinema, mas isto já é assunto para outro texto.

Em Hawks, Fuller, Godard, o pensamento está baseado na sua apresentação pessoal: o físico define seu "tipo", suas tendências e inclinações. Ao corpo confia-se as funções habitualmente reservadas ao diálogo: fazer o jogo da evidência.

Outra vantagem: se nos cineastas da alma há o dilema da "profundidade" (profunda, ou não?), tal não acontece nesses; as fitas captam as aparências, esta é a maneira de captação da realidade. O único drama é o fato de as aparências serem ou não enganosas. Não o são em Hawks e Godard; o contrário em Losey e Fuller.

Finalmente, quero acentuar que os cineastas do corpo não são, absolutamente, resultados exponenciais da arte cinematográfica. Seu valor é eminentemente relativo e condicional: a não-pretensão em sondar certas profundidades difíceis e enganosas é um sintoma de maturidade, não uma renúncia mas uma afirmação. Faço questão de frisar que os cineastas do corpo fazem um cinema provisório, irregular, moderno afinal, dando as bases para um desenvolvimento a posteriori, as lições e alicerces de um cinema do futuro.

Sintomático que um dos temas mais frequentes nestes realizadores seja justamente o amor pelo cinema. E são eles os diretores mais "cinematográficos" da atualidade, que tendem a uma arte pura. Enfim, os cineastas mais próximos do cinema são justamente aqueles que praticam um cinema sem alma.

Por outro lado, a apresentação direta de uma realidade material, a exploração do concreto, a valorização da câmera e do presente, suas consequências, tudo isto parece levar a um caminho já apontado: a câmera cínica...

CORPO MAIS ALMA

O conflito entre alternativas contrárias, o interesse exclusivo pela alma da personagem e situações ou o interesse exclusivo pelo corpo, parece estender velhas questões e por vezes desemboca no bitolamento — tão frequente na crítica cinematográfica. E talvez seja este o "drama" ou a "crise" desta arte em nossos dias; as questões idealismo/realismo; abstrato/concreto; ficção/documentário; Meliès/Lumière; enfim, o cinema e sua dúvida, parcialmente solucionada por um ou outro diretor — Welles, Godard, Uchida — as raras exceções dentre o neo-decadentismo generalizado.

Sabe-se que os grandes filmes são aqueles que apresentam uma perfeita conjugação entre aquelas alternativas (aparentemente inconciliáveis), a síntese almejada em toda atividade artística. Lembro "Noites no circo", "Scarface" e "Intolerância", algumas obras de Lang – filmes clássicos, isto é, modernos.

Fragmentos e faces da realidade unem-se num bloco indivisivel; os dramas interiores com os exteriores, sem predomínio ou exclusão de um ou outro; o concreto dirige-se ao abstrato e vice-versa; ficção é documentário e este é ficção; fundem-se harmoniosamente gêneros e até estilos diferentes, sem rupturas do tom geral; o belo e o feio não se distinguem mais, etc. Idem o corpo e a alma.

Os cineastas contemporâneos, consciente ou inconscientemente, tem ambicionado tais resultados. "Aventura" é um filme moderno porque mais do que as outras obras de Antonioni, dirige-se neste sentido; Bresson, Mizoguchi, Hitchcock também pretendem-no, mas invariavelmente predomina neles o aspecto interior da intriga, enquanto que em Visconti, Caccoyannis verifica-se um certo destaque da visão exterior. Não conseguem fugir as parcialidades e indecisões diante do real. Nenhum deles alcançou o equilíbrio necessário.

No cinema, conto em vários processos criativos, autores há que aderem conscientemente a maneirismos, formas consagradas e "fáceis" — que alguns chamariam de "vícios" — como compensação e solução para tal crise. Chamar-las-ei de "apelações".

Não se pode relegá-las a segundo plano pois são as situações limite de tendências ultrapassadas, do ponto de saturação das duas formas distintas de fazer cinema a partir de 1930.

1º apelação: Alguns diretores ambicionam a exteriorização absoluta dos conflitos a ponto de conduzí-los à farsa auto-destrutiva. Dá-se a materialização dos sentimentos humanos; e assim chegam ao cinema concreto pelo caminho oposto de um Hawks ou Fuller, não se desligando plenamente dos cineastas da alma. Entre outros, lembro Stanley Kubrick em "Dr. Fantástico"; Orson Welles em "O processo"; Vicent Minelli, diretor de "Um amor do outro mundo".

2º apelação: Outros recorrem aos tratamentos (voluntariamente) pseudo-profundos, alternando doses de visões subjetivas – evidentemente enganadoras — e objetivas. "Marnie, confissões de uma ladra" (Hitchcock), "O professor aloprado" (Jerry Lewis) constituem tentativas maliciosas e imperceptivelmente mistificadoras de penetração em consciências sofredoras: é o cinema da alma ironizando-se a si próprio.

Enfim, não são duas mas uma só apelação: tais diretores captam a realidade através de sua manifestação conturbada, através do desequilíbrio. Isto é, adotam uma ou outra tendência, isoladamente, mas sem dominá-la plenamente e desengajar-se da outra.

E quando o desequilíbrio é voluntariamente requisitado temos um filme-gag, como "O processo" de Orson Welles.

Últimos estágios do cinema do corpo e da alma, respectivamente — pelo menos como foram praticados até hoje — elas definem perfeitamente a situação do artista diante da câmara, da arte e do mundo: oferecem a super-caricatura, a farsa auto-consciente, o primitivismo deliberado. Estamos, enfim, diante de um cinema crítico, moral, previsivelmente decadentista e nos últimos estágios da arte barroca.

Referi-me aos grandes filmes clássicos, sem frisar a quase inexistência de grandes filmes modernos. Se, depois de "Marienbad", pouco ou nada mais surgiu de comparável, há pelo menos a existência de Tomu Uchida e Jean-Luc Godard, os maiores autores da atualidade. Seria necessário incluir Louis Malle, cuja fita "Trinta anos esta noite" constituiu, com as daqueles, as três melhores do ano cinematográfico de 1964 em São Paulo.

"— Mas como é possível descobrir traços comuns entre tais realizadores?", perguntar-se-ão certas mentalidades. Pois é possível. "Aventuras de Miyamoto Musashi, 4º época", "Trinta anos esta noite" e "Viver a vida" constituem resultados animadores e até mesmo imprevistos na carreira de autores em

busca do cinema clássico-moderno, da grande mise-
-en-scène.

Procuram evitar parcialidades na construção e apresentação dos conflitos, as tradicionais especificidades anedóticas que os sustentavam. Em "Myamoto" a tragédia não provém dos objetos, da realidade exterior, de seus inimigos, de fatores estaticamente mensuráveis, ou de sua consciência, mas de uma totalidade cósmica que Uchida não pretende fragmentar, isto é, analisar. Alain Leroy, personagem de "Trinta anos esta noite", desvenda o mundo parisiense como se revela a si mesmo; indivíduo e meio-ambiente já não constituem pólos opostos de uma realidade bilateral mas componente de um mesmo bloco. Apesar de não alcançar resultados definitivos, Malle procurou reduzir as considerações parcializantes — psicológicas, sociológicas, morais, dramáticas — e não cair na ingenuidade de dissecar o bloco, como em muitos "filmes sobre a alma". Por sua vez "Viver a vida", aproxima-se de um nível superior do cinema, do próprio cinema: não apreende um aspecto particular da realidade, mas a realidade mesma, displicentemente (através de uma interação de estilos, possibilidades, documentos: a comédia, o musical americano, o documentário, imitações, referências a fotonovelas, citações – de estatísticas à fita de Dreyer, efeitos bressonianos, trechos de Poe e romances-folhetins, piadas e o drama italiano). Uma tendência — do corpo ou da alma — não admite a inclusão de outra, nem certas formas da oposta — esta é uma regra de estilo que os diretores medíocres vem esforçando-se por conservar (afinal de contas, cômoda), ao contrário daqueles que filmam a totalidade e evitam toda sorte de restrições.

Godard e Uchida usam o cinema do passado, particularmente o mudo, mas nem por isto são "usados" por ele: não conservam formas arcaicas mas, utilizando-as, impõem seus próprios estilos (a unidade a partir de multiplicidade).

Há onze anos atrás Ingmar Bergman conseguira um poderoso resultado de síntese, "Noites de circo", o cinema-tragédia físico e mental (a conjugação entre os dramas exteriores e interiores, o sofrimento físico com a humilhação de Albert na magistral sequência de briga). E é mais do que sintomático o fato desta obra ser a maior do seu autor, pois desde então desvalorizou os efeitos da síntese, partindo para a análise intimista de personagens e situações, até levá-los a abstrações pura e simples ("Morangos silvestres", "Fonte da virgem"). Com este sacrifício do geral pelo particular, Bergman entrou em decadência; "No limiar da vida" pode ser considerado como uma tentativa tardia e frustada de retomar a linha sintética de "Noites de circo".

Jean-Luc Godard e Tomu Uchida destroem as antinomias iniciais entre as tendências "do corpo e da alma", objetividade e subjetividade, propondo a síntese destas alternativas, entre cinema e existência. Se a sétima arte teve sua(s) dúvida(s) e se ela foi genialmente cultuada por Resnais em "Marienbad", os diretores vem desfazê-la com "Miyamoto" e "Viver a vida", filmes interrogativos e afirmativos, isto é, indagando e respondendo. Vão além do clássico "até onde vai o cinema e começa a vida?", afirmando relações concretas entre um e outro, principalmente no diretor francês. A respeito de Uchida, é necessário incluir uma outra constante, o espetáculo, que juntamente com aquelas, produzem uma construção dialética: o que é o espetáculo?... O espetáculo é cinema, cinema é vida, vida é espetáculo — e prossegue o círculo sem fim, possibilitando todas as relações possíveis.

O cinema moderno é uma questão de distância, assim penso, entre câmera e personagens, ou de equilíbrio entre personagem e ator, drama e comédia, realidade e ficção... O predomínio de uma ou outra opção pode ocasionar condicionamentos; veja-se o caso de Antonioni, que não é um perfeito clássico porque tende ao drama — talvez leve-o por demais a sério — ou de Welles, que se engaja na ficção levada às últimas consequências. Ou o recuo de Mizoguchi; em nenhum deles observa-se a distância ideal.

Os cineastas da alma pretendiam suprimir todas as distâncias, desprezavam todas as formas de contato do filme com a realidade, a não ser uma: a relação "íntima" entre filme e os dramas interiores — o mecanismo psicológico das personagens. Evitam as múltiplas formas de contato, inclusive com o físico e corpo das pessoas, as relações indiretas. Como faria Deus, caso este gostasse de cinema, os cineastas da alma queriam chegar diretamente à essência do ser humano, sem erros ou deslizes; tal pretensão possibilitou muito erro e mistificação, acrescidos ao pecado de se considerarem infalíveis ("Moderato Cantabile", "A moça com a valise", "Caminho amargo", "O belo Antonio", "Oito e meio", e várias fitas de Fellini, Gosho e Ozu, "Os desajustados", "Amantes", "Sansão" de Wajda, e outros tantos).

Nos cineastas do corpo, não se ambicionava uma relação (dramática, psicológica, própria de Bresson, Bergman); impunha-se uma intransponível distância entre a interioridade das pessoas e a câmara de filmagem, entre filme e homem. Com esta separação, só havia possibilidade de contato — principalmente físico — o filme não ia além da pele dos personagens

(Fuller, Hawks, Nagisa Oshima de "Túmulo do sol", os primitivistas americanos, a câmera cínica em geral).

Em todas as renúncias há grandes vantagens: não pretendendo relações diretas, os cineastas do corpo evitavam os riscos do jogo, o erro e a mentira. O cinema de Hawks, ou de Godard em "Acossado", apresenta verdades mínimas, mas inegavelmente reais; objetivas, aparentes e concretas. Enfim: vitais.

Talvez inconscientemente acreditam que o mundo é um mistério e, em consequência, a câmera, o ator, o objeto, o próprio cinema. Não se deve procurar conhecê-los, esses mistérios. Não ir além de suas aparências. Exatamente como o nouveau-roman, é o cinema do alheamento absoluto, da estranheza diante das coisas e do mundo, da inconsciência.

A proximidade cúmplice ou o recuo demissionário podem sugerir arrebatamentos e complexos — de inferioridade ou superioridade — na relação da câmara com a realidade. Isto é: expressionismo (que é baseado neste desequilíbrio), exatamente o que o cinema moderno vem abolindo nestes últimos anos.

A obra de alguns cineastas (Yoshida, Sugawa, Francesco Rosi) orienta-se na procura da distância ideal, em que se fundem a multiplicidade e o fundamento barroco com a unidade e superioridade clássicas (a disciplina livre, apreendida através de um olho superabundante e generoso, a câmara). Godard, Tomu Uchida e, de maneira não definitiva, Malle, conseguiram alcançá-lo quase ao mesmo tempo. E de modos diferentes.

É necessário observar que não provém eles das mesmas fontes. O diretor de "Uma mulher é uma mulher" descende diretamente do cinema norte-americano, de uma tradição de cineastas do corpo, o que talvez aconteça com Uchida, que iniciou sua carreira com filmes e personagens "populares" e identica vocação documentarista. Louis Malle vem da tendência oposta, a dos cineastas da alma. Mas o encontro final destes autores confirma o caráter provisório e relativo destas concepções, períodos estagiários — talvez necessários — em obras que se dirigem a um cinema superior.

Não se comprometendo com personagens, insolúveis e perigosos dramas interiores, também evitam ser complacentes ou submissos diante da realidade (Oshima, Losey). Esta distância ideal possibilita um depuramento estilístico, uma certa ironia, a supressão do sentimentalismo, enfim, uma série de vantagens e descondicionamentos: a sabedoria. Uchida e Godard não fazem um cinema da alma ou sem ela, do corpo ou sem corpo: autores realistas, captam o universal, construído com a identificação dos polos contrários. Evitando qualquer vinculamento, praticam um cinema livre.

A LIÇÃO DO MUNDO

Se o cinema de Bergman, Fellini ou Visconti é o cinema que analisa, julga, relaciona, sabe e principalmente sofre porque sabe demais (através de recursos espúrios da literatura tradicional) o cinema mais moderno (Godard por exemplo, Hawks ou qualquer cinegrafista de atualidades) é o cinema que é. Cinema anti-romanesco, o contrário de Antonioni e — apesar de tudo — anti-intelectual, um cinema da evidência. Se o passado simples é o tempo do saber — o tempo do romance tradicional ao qual se filia aquela tendência — o presente é por definição o tempo da consciência, quer dizer, o tempo do olhar, do sentir, do viver — do estar — do respirar fenomenológico e não das pré-definições ou das estratificações que isolam o cinema do espectador — o que identifica o cinema moderno com o cinema mudo que igualmente exigia do diretor a força da evidência. Saber ver. Mostrar simplesmente em poucos segundos e só o que interessa (Dwan, Hawks, Walsh), um cinema fundado na evidência e essencialidade das situações.

Para ser cineasta, como para ser filósofo, segundo Stendhal, é preciso ser claro, seco e sem ilusões.

"Um financista que fez fortuna tem uma parte do caráter necessário para fazer descobertas na filosofia, quer dizer, para ver claro naquilo que é ('dans ce qui est', Sthendhal) instinto de cinema".

Relatividade da câmera: qualquer cena pode ser tratada de inúmeros ângulos, distâncias, estilos diferentes. A eleição de determinado ângulo define uma escolha por parte do diretor — sendo a origem de toda mise-en-scène.

A escolha é sempre arbitrária. O "equívoco" do cinema clássico era impô-la como "ponto de vista ideal", definitivo, exclusivo, único. O cinema de autor ensina que uma câmera manejada por um homem é um objeto falível. Ela pode incluir "erros" de enfoque ou de enquadramento – que são provas de contato com a realidade. O cinema moderno admite imperfeições artesanais, desconhecendo o tradicional objetivo romanesco proclamado por Gide ("a perfeita neutralidade e transparência de estilo"). Apreendemos uma visão relativa e incompleta da realidade: fragmentos ocasionais do mundo e não a sua totalidade ideal...

Uma das saídas do cinema contemporâneo é o cinema mudo. É evidente a cumplicidade ou intimidade de um com outro: seja na multiplicidade de ações e perspectivas, no tratamento e independência do décor, nas variações de ritmo e na valorização do ator.

Um dia perguntaram a Howard Hawks como usava a sua câmera. A resposta é famosa: "À altura dos olhos" (altura, distância e duração suficientemente cinematográfica).

Para melhor vê-las, a câmera afasta-se das coisas, observa de longe, tentando não alterá-las. Nesse recuo, a câmera cínica recorre à longa duração das cenas, ao humor e documentalismo que definem a autonomia e liberação do aparelho que deixa de participar do movimento dramático: olha-o apenas. Em "A lei dos marginais", Samuel Fuller filma um assassinato em plano distanciado e em suavíssimo travelling lateral: a indiferença e o cinismo tornam-se soluções trágicas. Idem no afogamento e na sequência de amputação em "Rio da aventura", assinado por Hawks em 1953.

A visão desdramatizada supõe rompimento da relação dramática câmera/personagem, consequentemente autonomia da câmera do ator e do microfone, assim como da música e do diálogo. Sua "função" consiste em constatar os seres e objetos, convertendo-se em personagem de cinema: testemunha ocular.

Necessidade da ilusão (escrevo como se estivesse fazendo história): cinema em última análise nada mais é do que o ponto de vista do fotograma sobre o mundo e não do mundo sob(re) a emulsão (verdadeiramente "verdade 24 vezes por segundo" — Godard).

Assim, na vida representa-se teatro e tudo é um mistério shakespeareano: ao cinema cumpre relacionar o vazio profundo das coisas, povoando-as de interrelações, sem abstrair do lado emocional, sensorial, físico que a presença de uma câmera, sobretudo se autenticamente consciente do Terceiro Mundo, respeitando a regra do jogo do tempo: duração concreta dos seres e objetos ou consciência-dissolução da memória no tempo, ainda mais necessariamente mentindo...

Cinema moderno, questão de distância da câmera a(u)tor-espectador – isto é, da mente — com o real via um olho quimico-físico-mecânico-auditivo (objetiva-obturador-amplificador), ponto de vista necessariamente incompleto de um objeto (câmera) no mundo.

"VIVER A VIDA"

A filmografia de Jean-Luc Godard é considerável tanto no aspecto qualitativo como no quantitativo; em apenas cinco anos o diretor francês chegou a realizar oito longas-metragens e três sketches. Mas, em compensação, o mercado brasileiro somente permitiu-nos, até 1964, apreciar "Acossado" (1959), "Uma mulher é uma mulher" (1961) e o episódio "A preguiça" em "Os sete pecados capitais" (1961); sem dúvida alguma, estamos desfalcados em matéria de Godard.

"Vivre sa vie", sua quarta longa-metragem, merecedora do prêmio especial do júri do Festival de Veneza e da crítica italiana, nos chegou com o incrível atraso de dois anos.

"Viver a vida" marca a maturidade do autor. Após o sucesso fácil de "Acossado", Godard não tinha superado a si mesmo e é este filme que o consagra definitivamente como cineasta de envergadura. Superior a "Acossado", a fita segue o mesmo caminho (exploração do concreto e tendência pela abstração, misturados no que se pode chamar de "fusão entre documentário e ficção"), mas renova-o. Já não há aquela palpitação e eloquência narrativa, o apregoado anti-romantismo das personagens que, no final das contas, constituía um novo romantismo. O ponto comum entre as obras é o de desenvolver-se em função da personagem principal, que a câmera segue em sua trajetória.

Os temas de Godard? Amor e morte.

A trajetória de Nana (heroína de "Viver a vida") e Michel (de "Acossado") dirige-se para a morte, solução final do conflito. São personagens trágicos; desde as primeiras imagens estão condenados à destruição. Em todos os momentos das fitas sente-se a onipresença da morte.

A busca da Nana é a do amor e o leitmotiv musical sublinha esta procura; é assassinada porque se apaixonou. Michel também alcança o amor e é devido a isto que morre (Patrícia, temendo amá-lo, denuncia--o à policia). Há, em Godard, uma interligação entre amor e morte a ponto de não se poder analisá-los separadamente, na mesma medida em que há o bloco amor e esquecimento em Resnais e amor e humilhação em "Noites do circo".

Em "Acossado" a câmera cultua o herói (Jean Paul Belmondo), acompanhando-o por intermináveis caminhadas em travellings e contre-plongées sistematizados. Em "Viver a vida" as pessoas, destacadamente a heroína, parecem fugir do aparelho, escapar do domínio da câmera cínica.

Os personagens são baseados nos intérpretes e este é outro aspecto ultra-moderno, o personagem-ator, o que é característico do método de distanciação e da "fusão entre documentário e ficção". O realizador chegou a declarar que "Acossado" é um documentário sobre Jean Seberg e Jean Paul Belmondo. Mas é interessante observar, também, a evolução do heroísmo godardiano; de exclusividade masculina ("Acossado" e "A preguiça"), chega a passar para o domínio feminino ("Uma mulher é uma mulher", "Le mépris" e a fita em questão). Em "Acossado", há, inclusive, um evidente desprezo pela mulher, como em boa parte do cinema americano, que tanto influenciou o realizador. Michel diz que "as mulheres são covardes" e elas aparecem como tal: é a ofensa máxima no universo de Godard. Aliás, o filme termina com a imagem de Michel agonizante, recriminando a mulher que o traíra. Em "A preguiça" o desprezo alcança também o erotismo, "a tábua de salvação", a função da mulher, pelo menos em Hawks, Welles. Um ator é abordado por uma starllet ansiosa por fazer cinema, que interesseiramente se oferece a ele; o herói, preguiçoso, recusa-se, pois "não vale a pena desnudar-se e vestir-se novamente por tal motivo"...

Mas em "Uma mulher é uma mulher" a situação inverte-se, o próprio título já diz tudo. O elemento fundamental da narrativa é a heroína (Anna Karina), que também declara que "os homens são covardes". Apronta um "golpe" no amante afim de realizar sua vontade, ter um filho. A fita termina muito hawksianamente, com o casal na cama; Jean Claude Brialy, disposto a realizar o desejo da maternidade, declara: "Vous êtes infame". "Non, responde ela, je suis une femme". A mulher vence o homem. Na fita de 1962, o desprezo manifesta-se da mesma maneira; são eles que se aproveitam da fragilidade da heroína, que a exploram (Raoul vende-a) e que friamente a matam. Enfim, os covardes são os homens. Adianto que "Le mépris" (O desprezo), como o título atesta, também está fundado nesta situação; trata-se da história de um indivíduo que crê que a esposa o despreza a ponto de converter a obsessão em realidade.

"Viver a vida" é uma tentativa de desintegração da tragédia. Compõe-se de doze quadros, uma dúzia de curtas sequências que fragmenta a anedota clássica da mulher que, obrigada pela necessidade financeira, apela para a prostituição ("un film en douze tableaux" — é o subtítulo).

De estrutura teatral, dividida em quadros, a narrativa é estruturalmente parcial; as sequências focalizam breves momentos do cotidiano sem obedecer uma continuidade narrativa. Entre uma e outra há consideráveis períodos temporais, que o filme não abrange; a tragédia permanece nas entrelinhas. Realmente, a técnica não difere muito da fotonovela.

Assim, a ação não é explicada, o espectador não "possui a história", como no filme tradicional. Desenvolvem-se múltiplas ações paralelas, que não seguem um desenvolvimento natural ou progressivo. O filme avança bruscamente, em violentas mutações temporais.

Não percebemos a tragédia em todas suas minúcias, desconhecemos as causas e efeitos do que acontece a Nana. Não há uma lógica dramática; quem são os perseguidores? Por que a matam? Mas, por não

sabermos quem são os personagens, não quer dizer
que sejam criaturas misteriosas e absurdas, que injus-
tificada e kafkianamente perseguem e assassinam a
heroína. Pelo contrário, os perseguidores são pessoas
comuns, agem normalmente, obedecendo a uma intenção. Mas Godard subtrai a intenção e o resultado
aí está: as coisas, as situações e pessoas não têm sentido. Mas não é por isto que podem ser considerados
absurdos. Os seres e objetos não são absurdos, deses-
peradores, misteriosos, fatalistas, angustiantes etc.;
os perseguidores, por exemplo, não encarnam complexos da heroína, não sugerem o absurdo existencial,
muito menos podem ser considerados como proje-
ções míticas de consciências perturbadas. Não há expressionismo: os personagens, coisas e situações são
eles mesmo, isto é, elementos comuns, pertencentes
ao cotidiano, mas com a diferença que não possuem
sentido ou significação.

Em "Acossado", a morte apresentava um significado, constituía a liberação para o herói que a procurava de maneira ambígua. Com ela os conflitos cessam,
pois constitui solução. Mas no filme de 1962 ela não
é saída, não apresenta nenhum significado; a morte
é uma ação bruta, sem sentido. Para tanto, Godard
filmou-a em um plano-sequência de 2,45 minutos,
com a câmera distanciada dos personagens, com sur-

preendente desdramatização. Normalmente a morte da protagonista seria gloriosa ou grandiloquente, como acontece em "Acossado", mas em "Viver a vida" não há nada disso. O diretor não a dramatiza, indiferentemente observa-a, a ponto de chocar o espectador comum, não habituado a estes "estranhos requintes de frieza e cinismo".

Para alcançar a absoluta ausência de sentido dos seres e objetos, para evitar a interferência da psicologia, moral, sociologia e da dramaticidade, Godard deu ao filme um tratamento despojado, econômico. Este tratamento vai do comportamento da câmera até a elaboração dos personagens; os movimentos de câmera foram reduzidos ao essencial, o aparelho se movimenta somente quando estritamente necessário (a fim de seguir Nana); os enquadramentos economizam as panorâmicas, há abundância de planos fixos, longos e estáticos e um uso sistematizado do "tempo morto". Há, pois, um extremo depuramento estilístico, ausência de aparatos dramáticos; a ação é perfeitamente integrada na dimensão ocular, na pura visibilidade.

Na busca da visão pura dos seres e objetos, o diretor francês recorre ao cinema mudo. Vislumbra-se evidente nostalgia pela "tela muda", os longos planos fixos, o uso constante de close-up, de "escurecimentos", os silêncios intencionalmente explorados, o resumo da ação antes de cada sequência, alguns planos de ruas parisienses em absoluto silêncio, efeitos de distanciação entre câmera e personagens, a valorização do ator. O próprio autor confessa-se nostálgico pelo cinema silencioso, além de insatisfeito com o cinema atual; em "Le mépris" um personagem manifesta o desprezo pelo cinema contemporâneo, declarando que é "preciso realizar fitas como em 1920, época de Griffith e dos Artistas Associados".

Mesmo em "Acossado" havia tais recursos; as sequências iniciavam e terminavam com "aberturas" circulares, à Griffith, o que acrescentava ingenuidade à narrativa. Em "Uma mulher é uma mulher", além da nostalgia pelo musical americano, o uso de cinema mudo era mais evidente. A mímica, os efeitos de câmera fixa, os planos-flash, a interpretação teatral, concorriam para que se julgasse que era "Lumière em 1961. O cinema que volta ao cinema".

Na mesma medida que prefere a narrativa ingênua, tão própria do cinema silencioso, Godard ama os personagens ingênuos. Nana medindo com a mão, a carta ("meus cabelos estão curtos, mas vão nascer") são maravilhosos exemplos desta inocência superior.

De fato, as personagens são muito mais de cinema mudo do que do sonoro, a despeito dos diálogos verborrágicos que "falam, falam, mas não dizem nada". Daí a exclusão da psicologia, praticamente adotada em bloco pelos filmes de após 1930. Godard e Hawks baseiam-se na pura visibilidade dos seres e objetos, situam-nos na imagem cinematográfica, talvez por isto empregam cinema mudo em filmes modernos. Dão atenção ao exterior das coisas — o que é próprio do cinema, a "arte das aparências".

Enquanto que em Wajda ou Cacoyannys o elemento fundamental é o espaço, o cinema de Godard baseia-se no tempo, em suas aplicações. Mas, para tanto, o diretor não precisou apelar para o flash-back e o monólogo interior afim de conseguir efeitos infalíveis de pesquisa sobre tempo; e este mesmo despojamento verifica-se na obra de Antonioni. Godard explora a duração da imagem, funcionalizando os instantes que "sobram" após os gestos e atos das figuras, em que não acontece nenhuma ação, os "tempos mortos". Por outro lado, a exploração destes recursos é extremamente difícil e perigosa; "Viver a vida" é um grande filme porque se sai bem nestas aplicações. E o cinema é muito mais uma arte temporal do que espacial, daí sua natureza essencialmente cinematográfica.

A câmera não se preocupa em descrever a verdade dos locais, dos bares e ruas parisienses, como em

"Acossado". Preocupa-se, sim, em olhá-los demoradamente, insistentemente até, através dos "tempos mortos". É através da reflexão do objeto puro, destituído de interferências (moral, psicologia, drama, sociologia) que a tragédia se impõe.

A câmera cínica reflete sobre as calçadas, avenidas, altos muros, as paredes lisas do bar. Mas, através do processo reflexivo, Godard não impõe ideias, conclusões ou julgamentos sobre os personagens, objetos e situações. Eles se impõem como presença concreta, palpável, sentida, dentro de um universo sem essência. A presença física dos seres e objetos é imposta ao espectador através dos "tempos mortos" e do uso sistematizado da "duração concreta". Por exemplo: Nana está na loja de discos, atendendo um freguês. Todos os seus atos são impiedosamente registrados, mesmo quando não há o mínimo de interesse dramático ou narrativo (emitindo uma nota fiscal, parada, sem fazer nada, etc.) O espectador "sente" a duração concreta, a presença física das coisas imposta através do tempo; os "tempos mortos" insistem demoradamente sobre um objeto fixo, uma parede vazia, uma porta fechada, dois noivos a conversar.

O diretor realiza uma absoluta fusão entre o descritivo e o reflexivo, o segundo provindo da insistência do primeiro, ao contrário dos filmes realmente intelectualizados e bitolados. A imagem sugere a ideia, os sentimentos, a morte.

Mais ainda que nas obras anteriores, Jean Luc Godard usa a câmera cínica, sem compromissos com a sintaxe cinematográfica convencional. Que olha indiferentemente as pessoas, objetos e situações.

A visão cínica é a renúncia ao julgamento, analogia e comparação dos elementos entre si. Segundo Godard, não se pode julgá-los; seja um julgamento psicológico, como no cinema tradicional; moral, como em fitas antigas ou antiquadas (Griffith, John Ford, e boa parte da escola norte-americana; no cinema italiano, os detestáveis Fellini, Zurlini, Bolognini; sem esquecer Claude Chabrol na França); julgamento social ou sociológico, ou ambos ao mesmo tempo, que muita gente ainda pretende reviver. Também não se pode transformar os objetos em símbolos ou metáforas, o que é típico do expressionismo e dos filmes de até poucos anos atrás. Godard preocupa-se em reintegrá-los em si mesmos, em devolvê-los à sua pureza original.

A câmera cínica tenta alcançar a não relação entre os seres e objetos. Procura desligá-los entre si, rompendo relações como as enumeradas acima. As pessoas e coisas estão aí separadas, sem qualquer possibilidade de comunicação. O homem não pode possuir o objeto nem ser possuído por ele; o cinema moderno rompe com o expressionismo mais ou menos latente no cinema tradicional.

Fragmentos de uma realidade sem essência, os seres e objetos são incomunicáveis, não comparáveis ou compreensíveis. Por outro lado, os filmes tradicionais desenvolviam-se numa progressão que obedecia a uma lógica dramática. Os seres e objetos estavam relacionados segundo esta lógica, de causa e efeito, de ação e reação. Daí o uso de uma narrativa fragmentária, em que não há presença de lógica e onde os personagens e coisas não obedecem a uma estrutura racional. São livres.

O chavão da mulher que, obrigada pelas circunstâncias, se prostitui, geralmente seria tratado sob um ponto de vista psicológico, moral ou sociológico, afim de reforçar a intriga, tornar o chavão convincente. É o que distingue Godard dos diretores medíocres. Trata o chavão no plano da pura visibilidade, despojado de interferências, como Hawks em "Hatari"; e se invoca estatísticas e leis sobre prostituição na França, trata-os de uma maneira tão cínica que não deixa pressentir o mínimo de sociologia ou moral.

Um filósofo moderno declarou que "não se pode nem dizer que a terra é redonda sem cair em contra-senso. Porque a palavra 'ser' exprime uma identidade e a única identidade é aquela de uma coisa com ela mesma. A terra é a terra. O que é redondo é... redondo". Nana compreende esta situação, dizendo que "as coisas são como elas são, nada mais, somente isto". Ela se realiza, então; olha ao redor e desinteressadamente observa as pessoas, sem amá-las ou odiá-las. Exerce a pura visão, sem inclusão de sentimentos, como a câmera cínica, que lança sobre as coisas um niilista "olhar sem desejos". Ouve-se, então, uma música parisiense — e é o único momento otimista do filme, "Olhar ao redor é viver livre", declara o diretor, e nesta sequência do bar Nana é livre.

Difícil tarefa a que se dispõe o autor. Ou seja, esvaziar os seres e objetos de quaisquer significações impostas, de adjetivações e dramatismos, de interferências racionalistas, de "cultura" ou conhecimento aplicados à ação. Faz filmes baseados na própria essência do cinema, a imagem. Que ousam ver e somente ver. Realizar um cinema cada vez mais cinematográfico — esta é a insolência de Godard.

ATRAÇÃO DA MONTAGEM

Em cinema interessa(me) a atração dos planos, tomadas (takes, prise de vues, cenas). Isto é, montagem por atração, e tudo o mais no assunto pouco me interessa. Logo, corte é movimento (de imagem e som). Corte não é discurso, ênfase, panfleto, mas apenas projeção do ponto ideal mágico-móvel de um plano que termina e de outro que inicia — ponto de intersecção, tensão ou de encontro entre um plano (em movimento) e outro; enfim, corte — movimento de luz e sombra, imagem e som, gesto e ruído combinados — dependendo da mão do montador — aquele determinado instante de liberdade entre um movimento que inicia e outro que finda em relação à analogia contraste ou semelhança de forma e ideia (no som e na imagem, juntos, isto é, na mente do montador, ou melhor, ideia percorrendo da mão à cabeça do montador — não me refiro a chofer, operador ou motorneiro de moviola).

Assim pensam do cinema grandes montadores — e autores — tipo Eisenstein, Buñuel, Hitchcock, Orson Welles, Godard e alguns cinegrafistas de atualidade (estes trabalham diretamente sobre o negativo, sem necessidade de copião e moviola que, vendo com olhos livres, exercem montagem por atração na base do olhômetro mesmo) buscando uma relação (corte por atração) que menos "cansa" ou descansa a vista do espectador de tomada à outra, considerando-se que de cena a cena, corte a corte, movimento por movimento, a vista humana fundamentada no princípio ilusório — mas real — da persistência da retina tem que acompanhar ou fazer "esforço" para se "refazer" do choque que a golpeia dentro do olho (ou somente fora? Será somente uma ilusão física ou um processo mental da própria transmissão do pensamento — fenômeno elétrico por excelência?) e "enquadrar" a tomada seguinte — sendo esse choque atenuado (ou ampliado?) o menos (ou mais...) possível, geralmente por uma relação de forma (textura, luz, emulsão, sensibilidade, sensação para se chegar à... emoção... e em seguida à reflexão ideológica; do criador de "O Encouraçado Potemkim", surrealista de "L'age d'or", suspense em "Vertigo" e todos outros experimentos do mestre Hitch do suspense, profundidade de campo de "Citizen Kane" e outros... faux-raccord (corte seco e descontínuo) de "Acossado", a deserdados da terra a perder de vista e a atenção à notícia dos documentaristas sociais, anti-sociais (cineastas de guerra) até o cinema-verdade-mentira da câmara livre na mão com ideia na cabeça ou não...

Relação de forma por analogia ou contraste os planos — todos eles — se relacionam intimamente (claro, todos os que antecedem e sobrevêm àquele determinado instante, e não outro, de liberdade que atinge o ponto mágico da criação cinematográfica, em que uma cena dá lugar à outra, principalmente pelo movimento do corte seco, brutalmente exercido no cinema moderno com lente grande angular e câmara na mão à altura do olho e seu ritmo interno, que não tem leis fixas em pleno abismo da linguagem fílmica).

O pressuposto básico do cinema moderno — assim como sempre foi no cinema americano — é o corte em movimento, em que os planos permanentemente vibram entre si; um filme é um puzzle: pode ser montado de mil maneiras ou de uma única maneira (depende da forma de ver), sempre por uma questão de economia.

Da mão à mente do montador há somente um passo, e o verdadeiro trabalho de montagem flui como uma coisa só, sem sujeito e objeto separados, numa interação dialética entre tese e antítese em conflito, tendendo à síntese, algo assim como se cruzam os dedos da mão esquerda com os da mão direita e é só.

Princípio Un (ic ou id?) o da montagem: cinema, arte das aparências ilusórias, repousa sob um mal-entendido, base de todo conflito: persistência da retina... Um único unido... Uno (que em cinema, no caso, significa: plano-sequência).

Assim, montar significa simplesmente escolher ou eliminar um material abundante demais; tanto é que, a colocação dos planos em ordem, deve ir contra o copião para ser consequente, assim como a direção deve negar o roteiro para mais profunda e dialeticamente afirmá-lo. Sem conflito entre tese e antítese não há síntese (é por isso que, artisticamente, hoje em dia não existe cinema carioca nem paulista). O script é importante, a mise-en-scène também, mas devem opor-se para gerar um espaço-tempo propício à criação de uma nova realidade, deve ser a função número um do cinema, que por problemas brasileiros virou na atualidade ócio e negócio de débeis mentais...

Assim, sim: glória a Eisenstein, salve señor Luiz grande Buñuel poeta e agitador, anjo exterminador da sétima arte — nunca se esquecendo de Hitchcock — viva Orson Welles, graças a Godard e operadores de atualidade entre os quais eu me incluo com muito prazer, sabendo que em cinema interessa a tração dos planos; logo, corte é movimento — audiovisual — de imagem e som em conflito, isto é, luz e sombra, claro-escuro, enfim, dialética do cinema moderno.

(SÉTIMA) ARTE A SERVIÇO DO HOMEM

Dirige-se assim o cinema moderno em busca de um supra-realismo inesperado — tão pacientemente inventariado pelo crítico André Bazin, introdutor desses estudos sobre a relação do novo cinema com as artes industriais.

De certa forma, conjuga neo-barroquismo com kitsch e pop-art, documento com aventura, arte com entretenimento, humor com reflexão.

Pode-se dizer que o cinema se tornou moderno, transformando-se radicalmente, com a conquista do plano-sequência em som direto, que assegura-lhe, antes de mais nada, a liberação da câmera e do microfone. Em seguida busca novos recursos como a profundidade de campo narrativo e visual, a descontração do ator em cena longa, a incorporação do acaso e a valorização do som gravado no instante da interpretação.

Hoje não se constroem filmes na sala de montagem como insistiram tanto Welles como Hitchcock.

Há os que buscam o ângulo, o corte, o efeito.

Por outro lado, há os que apreendem o real tal como é — concordando mais uma vez com Godard. Ela parece conter a diferença (André Bazin, ainda) entre os cineastas que acreditam na imagem e os que acreditam na realidade.

Os últimos são os primeiros clássicos do cinema moderno.

CaDERNOS ULTRaMaRes